黒子《くろこ》のリーダー論

丸山茂雄
MARUYAMA SHIGEO

丸山茂雄 私の履歴書

日本経済新聞出版

黒子のリーダー論　目次

第1部　私の履歴書

目立つ黒子　11
革命児の世話役／音楽の歴史を眺めて
江戸川アパート　15
新しいライフスタイル／「没頭する人」の第1号
祖父　19
やわらかい社会主義／祖父母と重なる人生
高校時代　24
「ホルモンの関係」／ヨーロッパ文化も日本文化も／文学とラグビーに没頭
大検　29
豪胆な母／大検合格で形勢逆転
早大入学　34
年600本の映画鑑賞／マネジメントの原点はラグビー部の監督／学生運動にまぎれて卒業

就職　39
「おっかない人」に学ぶ／素人集団の強みを生かす
仙台勤務　44
給料と肩書でやる気を引き出す／業界のしきたりに縛られない
香港生活　49
お見合いは「プレゼン」／遊びへと方向転換
フォーク　54
あえてラジオの深夜枠に注目／太田裕美を売り出す
エピック移籍　59
賞レースと距離を置く／CBS・ソニーを追い抜く会社に
新レーベル　63
「すいているからロックをやった」／シャネルズに学んだ「売り出し方」
団塊三人衆　68
波長がぴたりと合う／使い勝手のいい上司／タテ社会よりヨコ社会
エピック旋風　74
「ゆがんだ感じの人」を採用／音楽業界の地殻変動

ソニーミュージック上場 80
CBS・ソニーと経営統合／絶好調で覚えた危機感

ゲーム参入 84
任天堂の変心からゲーム機開発へ／「Do it（ドゥー・イット）」会議

6人の創業者 88
毎晩10時から議論／「久夛良木さんのマネジャー」

SCE設立 92
任天堂への反発心／音楽ビジネスのノウハウを生かす

プレステ発売 96
ハードは採算割れでいい／新しい販売手法をつくる

レーベル米国流 100
日本に「特区」をつくる／小室哲哉を貸し出す／チャリティーコンサート

米国事業 107
週に1回のペースで渡米／柔構造の組織

ナンバーツー 112
後輩にバトンを渡す／トップに指名

社長業　116
自分らしからぬ方法／若手社員の一言で退任を決意
丸山学校　120
社内起業というスタイル／「創業者」という立場に立つ／起業家が足りない日本
「に・よん・なな」　126
ミュージシャンに寄り添う仕事／計算違いで沖縄から撤退
ネットと音楽　130
配信サイトをスタート／行き詰まったビジネスモデル
がん治療　134
ジタバタしない／「丸山ワクチン」で治療
会社清算　138
真のイノベーター／チャレンジは不発に／不得意な役柄を演じてはいけない
Kポップ　143
ハイヒールを履いたアスリートたち／最初からアメリカ市場を見すえる／「このまんまじゃまずいぞ」
みんなのおかげ　147
若い世代を大事に／面白い人生

第2部 対談

対談 組織を引っ張るのは「人間力」 ソニー元社長 平井一夫氏

西海岸で「手伝い」 154
本当は海外に行きたくなかった 158
エピック＝「丸山組」のカルチャー 160
「不思議な通訳」から現地のトップへ 163
本気でグローバル経営をするために 168
「ソニーミュージック」を背負う 171
「この人のために頑張ろう」 176
トップはルックスが重要 178
社員は、常に見ている 180
子供の格差問題に挑む 182

対談　イノベーターを生かす、育てる　プレイステーション開発者　久夛良木健氏

ゲームは目の敵にされた　188
きっかけはピクサー　192
政治家ではなく、プロデューサー　195
エキサイティングなチーム　197
カウントダウン前夜祭　199
エンタメの価値観　202
「Do・it（ドゥー・イット）」会議の裏側　204
「ソニーの」ではなく「みんなのプレイステーション」　209
「親会社にこまめに報告」では、うまくいかない　211
若者の好奇心を引き出す　213
最高のプロデューサー　216

あとがき　220

第1部 私の履歴書

目立つ黒子

革命児の世話役

日経の「私の履歴書」といえば、政治や経済、文化、スポーツなどの領域で立派な実績をあげた人が登場するというのが共通認識だろう。謙遜でも何でもなく、私はそうじゃない。連載を引き受けるべきだったか、この日を迎えてもなお迷う気持ちがある。

長らくエンターテインメントの仕事をしてきた。音楽とゲームだ。ロックミュージックを日本に根づかせたレーベル「エピック・ソニー」の立役者、家庭用ゲーム機「プレイステーション（プレステ）」実現のキーパーソン……。ときにみなさんが褒めてくれるが、どうもむずがゆい。

もちろん無関係ではない。だが、私を中心になし遂げたのかというと、違う。主役たちはほかにいる。私は彼らの近くに居合わせて、ともに取り組む仲間になった。

例えば音楽なら小室哲哉さん。3人組バンド、TMネットワークの一員で、ダンスミュー

最近の筆者=日本経済新聞社提供

ジックに活躍の場を広げた。私は一時期マネジャーとなり、彼が活動しやすい環境づくりを手伝った。

ゲームではプレステの生みの親である久夛良木健さんだ。やんちゃぼうず的なキャラクターで、ときに周囲の人と摩擦が生じた。これまたマネジャーのように事態の収拾にあたったのが私だった。

2人とも熱量が高い。早稲田実業学校で簿記などを学んだ小室さんは「財務がわかるアーティスト」を自称し、音楽の才だけでなく商才も示した。久夛良木さんはゲームを突破口に半導体産業の頂点に立つ野望を持っていた。

そんな革命を起こしかねない人というのは、往々にして社会との接し方がうまくない。だからそこを補う世話役が必要で、その一端を担ってきたのが私ということになる。小室さんや久夛良木さんがエンジンだとすれば、私は潤滑油のようなもの。エンジンが気持ちよく回転するようサポートしたにすぎない。

両者に限らず、私は大勢の個性あふれる人たちの隣で働く機会に恵まれた。私自身に特別な才はなく、運以外の何物でもない。彼らが浴びるスポットライトの光が少し私にも漏れてきて、図らずも「ちょっと目立つ黒子《くろこ》」になったのだ。

私自身は革命を起こせない。ゴールは決めておらず、あくまでアシスト。革命というのは一人で3つも4つも成就させられないが、アシストならあっちでも、こっちでもできた。それが実態だ。

音楽の歴史を眺めて

2023年8月で82歳になった。かつて一緒に仕事をしていた連中が亡くなったという知らせも少なくない。さすがにこの年になると時間というものを強く意識せざるを得ない。ここから先はそれほど長い時間が残されているわけではないなと。誰かに何かを頼まれると、まず考えるのは「さて、自分が元気なうちにこのプロジェクトを終えられるだろうか」ということ。数年前まで、そんなことは考えなかった。近ごろは、ほかの人に迷惑をかけず、ちゃんと最後までたどり着けると思えること以外はお引き受けしないことにしている。

ただ、歴史の流れを眺められるのは老人の特権だ。とくに音楽については、技術の発展で産業の姿が変貌するのを目撃してきた。

20世紀の後半、レコードの普及、ＣＤへの移行、大型ＣＤ店の出現などが相次ぎ起きた。21世紀に入ると、この50年の蓄積がインターネットによって全部ひっくり返った。音楽は映像と密接不可分となり、スマートフォンがエンタメの最前線と化した。

私自身も波を経験した。20世紀は多才な人たちと働くことができ、連戦連勝といっていい成果につながった。21世紀になると歯車が狂う。会社を興して音楽のネット配信に挑んだものの不発。主役のように振る舞って失敗した。

「これはオレがやった」と胸を張れるものがない。ビジネス武勇伝もゼロだ。一方でこうも思う。世の中、表舞台に立つ人ばかりでは回らない――。新しい時代を引っ張るアーティストやクリエーター、そして起業家が大切なのは言うまでもないが、同時に彼らを支える役割もまた重要だ。

ゆるい性格のせいか、私は年下の人たちからも「丸さん」と声をかけられ、彼らが自由奔放に能力を発揮する現場に立ち会ってきた。上司だ部下だと堅苦しい関係にとらわれないフラットなスタイルは日本のビジネス界では珍しかったかもしれない。

へえ、こんな人もいるんだね。そう読者のみなさんが面白がってくれる中身になれば、とてもうれしい。

江戸川アパート

新しいライフスタイル

第2次世界大戦が終わる4年前、1941年（昭和16年）の8月13日に私は東京で生まれた。4歳上に姉、4歳下に弟がいる。

住まいは新宿区新小川町にある同潤会江戸川アパートメントだった。わが家は3階だ。周りは平屋かせいぜい2階建てだから見晴らしがいい。戦争中、米軍機の機銃掃射があるかもしれないと、窓際に布団を重ねていた。もしものとき、どれほど効果を発揮したのかはわからないけれど。

終戦時は疎開のため父の故郷、長野県金沢村（現茅野市）にいた。東京に戻ってくると、飯田橋の駅からわが家まで、すっかり焼け野原だった。変電所と質屋の蔵くらいしか残っていない。

コンクリート建築の江戸川アパートは焼けずに無事だった。住んでいるのは世帯主が40

代半ばより上という家庭がほとんどで、戦争には行っていない。200世帯以上が暮らしていたと思うが、「あの家はお父さんが戦死して大変」といった話は聞かなかった。あのころの日本では特殊な環境だったと思う。戦後の暮らしを立て直していくときにアドバンテージになった。

同潤会は関東大震災のあと、住宅供給のために国がつくった組織で、江戸川アパートは34年にできた。そこには新しいライフスタイルがあった。

住人たちの職業は文学者にイラストレーター、いまでいうフリーランサーと多彩。ゴリゴリのサラリーマンはあまりいなかった。同じくらいの面積のよその住宅に比べて家賃が2倍くらい高かったことも影響しているのかもしれない。

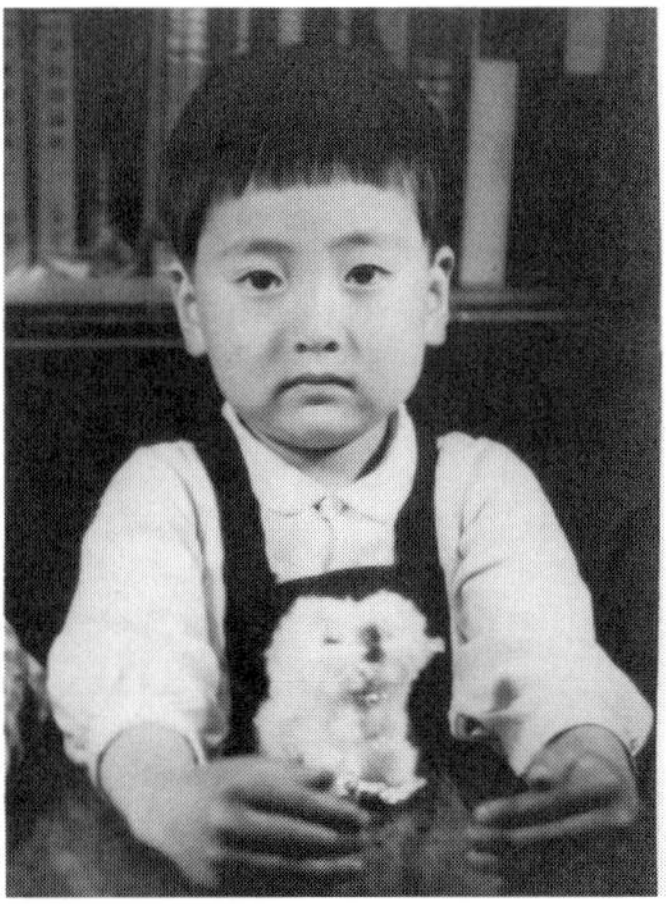

4歳のころの筆者

ここに住む人たちは少しきどっているところがあったと思う。それまでの日本にコンクリートでできた建物に住むという習慣はなかった。新しいものを試してみようという、少し普通からは外れる人たちが住んでいたわけだ。先端ともいえる。

「没頭する人」の第1号

私くらいの世代だと、子供のころは近所の悪友とチャンバラ遊び、いたずらをして親に叱られて、なんていう話が定番だが、このアパートにそういう雰囲気はなかった。

やがてあちこちに団地ができ、50年代の終わりになると「団地族」という言葉がマスコミで使われるようになった。60年版の国民生活白書にこの言葉の解説が載った。わが家は団地というものが一般化する10年、15年前から団地での暮らしを経験していたことになる。先駆けだ。

過度な競争意識に包まれやすいのが団地族のひとつの特質だったろうか。あの家が洗濯機を買った、テレビを買った、あそこの子供がどこそこの学校に入った、うちも負けられない……と。しかし、丸山家に関していえば、そういう競争心とは無縁だった。もっと勉強しなさいなどと親から競争を煽られた覚えもない。両親が持つ個性のせいだろう。

父の名は千里。小学校の先生の息子で、5人きょうだいの末っ子だ。日本医科大学の教授で、結核菌を研究し、皮膚科医として診療もしていた。「丸山ワクチンの開発者」と申し上げれば、ああと思ってくださる読者がいるかもしれない。学者然とした堅い雰囲気からは遠い。大いに研究を楽しんでいることが子供の私にも伝わってきた。愚痴を言うのを聞いたこともないなあ。

母は夏。福岡藩の武士階級に連なる家柄だ。といって上品ぶらず社交的。アパートのうちの斜め上の部屋に、通商産業大臣をつとめた前尾繁三郎さんが住んでいた。あるとき新聞の取材陣がやって来て「前尾さんと近所の主婦がしゃべっている絵がほしい」となったとき、母は求めに応じて前尾さんと一緒に写真に収まった。

父はいつも仕事で帰りが遅く、休日もよく大学に出かけた。だから夜、家族そろって食事ができるのは週に一度くらい。ラジオもテレビもないわが家の食卓は、会話の大半が父の研究のことだった。

今日こんな面白いことがあったよ。父は中身をシンプルにして話すが、子供にはむずかしい。それでも母とともに私たち3人は素直に聞いた。父は気分がよさそうだった。のちに私は大勢のミュージシャン、クリエーターと仕事をするようになるが、何かが面白くってしようがないという人が発するエネルギーはすさまじい。研究に打ち込む父は私にとってそんな「没頭する人」の第1号だった。

祖父

やわらかい社会主義

わが家のある江戸川アパートメントには、別の階に母方の祖父母が住んでいた。ふたりとも江戸時代末期の生まれだ。祖父は安部磯雄という。ピンとくる読者は日本史通に違いない。少し経歴をたどってみよう。

1865年、福岡藩士の家に生まれた。しかし明治維新で武士の階級がなくなる。そこで京都に出て、いまの同志社大学に入った。新島襄に感化されてクリスチャンの洗礼を受け、牧師になる。岡山の教会に所属した。

その後、アメリカの神学校に留学。貧しい人を救うには宗教だけでは足りない。そう感じ、祖父流の「やわらかい社会主義」への思いが芽生えたのはこのころだろう。ヨーロッパのベルリン、ロンドンを回って1895年に帰国した。教会のお金をもらって留学したから、いったんは教会に戻った。だが祖父の考え方には若干、社会主義の思想が入っていて、純粋な宗教家とは言えず、教会と折り合いが悪かったのだと思う。同志社で教職に就いた。

数年後、東京専門学校（現早稲田大学）に移る。大隈重信と親しくなり、野球部をつくった。初代の部長だ。「学生野球の父」とも呼ばれる。

そうした活動の一方で、社会主義を広げる論文を書き、社会主義者との親交もかなりあった。

幸徳秋水らと社会民主党を立ち上げたのは1901年。28年には普通選挙に立候補して代議士になる。8人きょうだいの末っ子である私の母がほぼ成人の年齢に達し、これで子供たちがみんな独立したからと、やりたかったことに突き進んだのかもしれない。

終戦後、社会党首班の内閣が初めて発足したとき、片山哲首相がアパートまで報告に来ていた。祖父が亡くなるのはその2年あと。私が小学2年生になる年だった。

まるで歴史の教科書みたいな話になったが、私にとってはすぐそばに暮らすおじいちゃんの歩みだ。歴史は現在と地続きになっている。

江戸川アパートは各戸に浴室がなく、代わりに住民のための銭湯のような大浴場があった。高齢の祖父の手を引いて一緒に風呂に入るのが私の役目だった。祖父にしてみれば、自分のほうが幼い孫の面倒をみているという気分だった可能性はあるが。

祖父は幸徳秋水の大逆事件のような目立つことはしていない。キリスト教をベースにし

祖父（左）と筆者（右）

た社会主義。旗を振ったといっても、イデオロギーごちごち、口角泡をとばしてというのじゃない。自分からみんなを巻き込んで、というのとも違う。何かとりまとめが必要な案件があると、いちばん色の薄い祖父のところに話が回ってきて、「安部先生、ここはひとつお願いしますよ」と頼りにされるタイプだった。だから社会主義者でありながら、不思議なくらい軍部から迫害を受けることがなかった。

めちゃくちゃ穏やかな人だった。

人に頼まれると祖父は色紙に「質素之生活高遠之理想」と記した。その通りの生活をしていたと思う。派手なこと、ぜいたくなことをしなかった。

祖父母と重なる人生

この歳になって振り返ると、祖父母と自分の人生がどこかオーバーラップしているように感じる。江戸時代末期に生まれた祖父、祖母は日本の隆々たる時期を経て、困難な太平洋戦争の時代を生き、戦後のつらい時期を過ごした。一方の私は、戦前の時代をちょっとかじり、戦後の日本の高度成長を経験したあと、2000年ごろを境にだんだんと国力があやしくなった日本に暮らす。祖父は明治維新後の新しい日本とその破綻、私は戦後の新しい日本とその破綻を体験した。

祖父が亡くなってからも、早稲田の野球部や社会党の人たちが祖母を訪ねて江戸川アパートにやってきた。来訪者の世話は私の母がした。長らく母は祖父の秘書のように働いていたから、私はよく思い出話を聞かされた。「社会党にいたあの人はおじいさんと……」。そんな具合だ。

テレビやインターネットがある現代の子供は、親の知らないこともたくさん知っているだろう。私が子供のころは親たちが持つ知識のほうが圧倒的に多かった。その何分の一かを子供が吸収する。親の知識量に比例して子供の知識量が決まった。

わが家はよそのうちに比べて知識量が豊富だった。母から聞く大人たちの話ばかりではない。すでに書いたように、中身はむずかしいながらも父からよく研究の話を聞いていた。情報があふれる家庭環境で私は育った。

だから知らず知らずのうちに頭を使っていたのかもしれない。小学校でも中学校でも成績はよかった。オレってそこそこできるんだな、と思っていた。ところが高校に入ると、ちょっとずつ軌道を外れていくようになる。

高校時代

「ホルモンの関係」

1957年、私は都立小石川高校に入学した。高校受験の勉強を始めたのはその年の1月1日。全科目、教科書の中身をだーっとノートに書き写したら頭に入り合格できた。ここまでは楽勝だったと申し上げておく。

進学校で勉強に打ち込んだかといえば、答えはノー。大好きだったエッセイスト、山本夏彦さんの表現を借りれば、「ホルモンの関係」だ。このころになると異性に対する興味がわいてくる。

男女関係に厳しい家庭だった。祖父は新島襄に洗礼を受けたクリスチャン。父はそんな岳父を尊敬するまじめな男だ。悪さをしたりしない。

もっとも、広く親族を見渡せば、問題含みの人がいないわけではない。父の兄や母の兄、私にとっておじさんに当たる人たちのなかには、女性にモテモテで大金を使い実家の財政

進学校に入ったが、勉強に熱心ではなかった

を傾けたり、能天気な振る舞いで騒動を起こしたりというケースもある。

問題を起こす素質が見え隠れしていたのかもしれない。おじさんたちのようになってはいけないよ。親戚中から私はそう注意された。父方の親戚からは「あんたはおじさんの血を引いている」と言われ、母方の親戚からは「おじさんに似ているから」と言われた。小学生のころからだ。自分でもそうかな、警戒しなければならないなと思っていた。

それでも高校生ともなれば、ホルモン分泌があって、そういう方面への興味がわくのは如何ともしがたい。

だから色恋のハラハラは、もっぱら小説の世界での疑似体験だった。菊池寛の「藤十郎の恋」は当時の愛読書。漱石、鷗外も読んだ。物語のなかで主人公たちはみなホルモンにやられ、すったもんだしていた。体のなかでホルモンが暴れ回っている私は小説のほうへ吸い寄せられた。読み始めたら先が気になって仕方なく、やめられない。

ヨーロッパ文化も日本文化も

新潮社の世界文学全集との出会いが拍車をかけた。江戸川アパートメントの住人に山内義雄さんがいた。長編小説「チボー家の人々」の翻訳で知られるフランス文学者だ。父が理系でわが家に文学の匂いはあまりなかったが、山内さんと父が親しくなり、全集を買うことになった。

毎月2～3冊ずつ、ページに2段組の文字がびっしり印刷された本が届く。ロマン・ロランの「ジャン・クリストフ」、トルストイの「アンナ・カレーニナ」、ケッセルの「幸福の後に来るもの」……。私は片っ端から読んだ。

本のなかには、理想を追求するまじめな主人公がホルモンに振り回されている物語がやたらある。こんなものを読んでいないで勉強しなきゃいけないと思いつつ、本を脇に置くことができなかった。

50年代の日本はアメリカ文化ではなくヨーロッパ文化から、より強い影響を受けていた。最高の大学といえばケンブリッジ、オックスフォードだし、音楽はジャズやロックではなくシャンソンだ。映画もフランス作品が流行っていた。

私はヨーロッパにも影響を受けたが、興味の対象は日本文化にも向かった。漱石、鷗外ともに江戸時代生まれで、その作品にはどこか江戸の雰囲気が漂う。江戸ならば、ということで歌舞伎、文楽を鑑賞することにも手をのばした。芸者衆の踊りが披露される「東をどり」も毎年、新橋演舞場に見に行った。寄席まで出かけることはしなかったが、ラジオで落語も聞いた。

文学とラグビーに没頭

高校ではラグビー部に入っていた。私は同世代のなかではそこそこ背も高いし、外形的にはスポーツ向きに見えるものの、自慢じゃないが運動神経はよくない。進学校ではラグビーに必要な15人のメンバーを集めるのが大変だった。運動部で学校公認なのはサッカーだけで、ラグビー部は学校から目の敵にされていたようなところもある。だから「人手不足」が生じていた。それが幸いしたのか、そんな私も部のなかに居場所を確保できた。

ラグビーを始めるきっかけは、イギリスの学校生活を書いた池田潔の「自由と規律」を読んだことだ。

運動という文脈ではない。文学や経済がわかっているというだけではなく、大人になるにはラグビーをやっておく必要があると考えたのだ。ヨーロッパのエリートはこんなふうに学ぶのか。ラグビーくらいやっていないと大人になれないな、と。彼らと同じことを自分もしなければならない。そんな気分だった。

いつのころからか私は父のような医者になるつもりになっていた。でも単なる医者というのでは狭っ苦しい。もっと視野の広い人間でなければ。まあ教養主義だ。そんなことを考えている者は同級生に一人もいなかったが。

医者をめざすのはいいが、文学やラグビーに忙しく、勉強する暇がない。成績が悪かったが、へっちゃらだった。懸命に勉強する連中を冷ややかに眺めてさえいた。16歳、17歳という感受性の強い大事なこの時期に君たちはいったい何をしているんだ、というような具合に。

自分は勉強さえすれば成績が上がるが、いまはしていないだけ。その気になって取り組めば、いくらでも挽回できる。そう思っていた。残念ながら、それは大いなる勘違いであることがやがてわかる。

大検

豪胆な母

志願して小石川高校ラグビー部に入ったものの、私は選手としては最悪と言っていいほど下手だった。うまく走ることさえできない。先輩たちも「あんなのが入ってきちゃって困ったなあ」というのが本音だったかもしれない。ほかの連中にはどうということのない練習が私にはめちゃくちゃハード。くたくたになって家に帰り、夕飯のあと8時半か9時には寝た。そんな私も部内でいじめられたりはせず、いい部だったと思う。練習はきつかったけれど、やめたいとは一度も思わなかった。

あるとき練習中に脳振盪《のうしんとう》を起こし、具合が悪くなった。立ち上がると吐き気がする。コンピューター断層撮影装置（CT）とか磁気共鳴画像装置（MRI）とかで検査できるわけでもなく、静かに寝ているしかない。2～3週間寝込んだ。父が漢方のような薬を見つけてきて、それを飲んだら治ったと記憶する。

相変わらず文学や映画、音楽を堪能する活動も忙しい。周りは勉強熱心な連中が多かったせいもあり、誰か友達を誘ってということはなく、あくまで個人として活動していた。同人誌をつくったり、徒党を組んだり、ということはない。

当然、勉強はおろそかになる。予習せずに授業にのぞみ、指名されたら「わかりません」と明るく平気で答えていた。あきれた先生はやがて私を指さなくなった。

明らかに私は努力しない人、さらに言えば、明確に楽をしたい人だ。誰かに強要されて、何かをやらされるのは絶対にイヤ。一生懸命にやれるのは自分の気分に合うものだけだ。

勉強しないから担任教師とは常にもめていた。「ラグビーをやめて勉強に専念しろ」と担任。「ラグビーの優先順位は高い」と私。2年生の終わりまではラグビーに打ち込む、とやかく言うな。私は宣言した。

担任はよく親を学校に呼びつけた。来るのはいつも母だった。「お宅の息子はだめだ」などと繰り返し言われても、母はへっちゃら。そういう私の姿を見て、どこか面白がっていた節さえある。私の好きなようにやらせてくれた。しかも母は私の成績については一切、父に言わなかった。豪胆な人だった。もし実直な父が学校での私の様子を知ったら何らかの圧力を私にかけたに違いない。

あとになって弟が「兄貴がいま、こういうふうに能天気にしていられるのも、お母さんのおかげだよね」と言った。まったくその通りだと思う。母への感謝がめちゃくちゃある。

大検合格で形勢逆転

いよいよ3年生になった。やればできるタイプと信じていたが、いざ勉強してみると集中できない。おやオレは思ったより出来が悪いのかな。

つまるところ、高校までの勉強は、数学を含めて暗記の勝負。小学生、中学生のころはパシャっと写真を撮るように頭のなかに教科書の中身が鮮明に記憶された。なのにいまはパシャっといかない。ホルモンの働きが強まると写真の解像度が落ちるんだな、おそらく。

結局、成績は下がったまんま。大げんかになった担任はこう言い出した。「内申書を書いてやらない」

とにかくこの担任とはそりが合わない。クラスに仲のいい友達がふたりいて、女の子を誘って秋川渓谷とか相模湖とかにハイキングに行ったりしたが、不純異性交遊でも何でもないのに、この担任は烈火の如く怒った。

こんな教師に引き下がるものか。内申書があろうとなかろうと、自力で次に進んでやる。私は大学入学資格検定（大検）を受けることにした。

いまは不登校が大きな社会問題となり、大検を一つのステップにして大学に進む人が大

浪人のころの筆者（右）。姉、弟と

勢いる。大検はよく知られる制度だろう。しかし私が高校生だったころは違う。そもそも「不登校」という言葉も概念もなく、普通の人は大検の存在すら知らなかったはずだ。でも私は前から知っていた。

私が通っていた中学は東大農学部のそばにあった。そういう場所だから本屋がたくさん軒を連ねている。部活をしていない私は学校帰り、本屋を一軒一軒訪ね歩くのが日課だった。たまたま受験の参考書が並んでいる棚の片隅に大検の過去問題集があった。「へえ、大検などというものがあるんだな」。私は制度の存在を知り、それが頭のどこかに残っていたのだ。

その大検を受けることで教師に対抗するぞと、なかなか勇ましい決意なのだが、ふと思った。曲がりなりにも1、2年生の勉強は終えている。ひょっとしたら、その分の試験を免除してもらえないか。3年生の範囲に絞った試験ならずいぶん楽だ。

私は霞が関に出かけ、文部省（現文部科学省）に聞いてみた。あまりにもとっぴな申し出に困惑したのだろうか。応対してくれた人は、都立高生なら東京都に相談してみてはと言った。それならばと私は当時、丸の内にあった都庁を訪ねた。

そんな免除はできないというのが答えだった。やっぱり……。大検のテストは日程が学校の修学旅行と重なり、私は旅行をあきらめ受験した。

だが、このとき東北地方を巡る修学旅行に行けなかったのはラッキーなことだったのかもしれない。旅行中、ラグビー部の連中が大暴れしたらしく、停学処分などをくらったのだ。私は自ら進んで大暴れするようなタイプではないけれど、とにかく何かに巻き込まれやすい体質だ。ひょっとしたら旅先で騒動を起こした者たちの一人に名を連ね、処分を受けて高校生活の先行きが一段と不透明になっていた可能性がある。

大検の合格通知を受けとったときのうれしさは格別だった。これであの担任に頭を下げる理由がなくなる。一気に形勢逆転だ。気分が高揚した。

しかし受験した大学の医学部には受からなかった。浪人生活が始まるが、私は本を読んだり映画を見たり。勉強しなきゃとの気持ちはある。医者になろうと思っているんだから。

でも、いざ机に向かうと集中できない。まったく成績が上向かない。どうやら私は勉強に向いていない。

早大入学

年600本の映画鑑賞

1浪して再び医学部を受験したがやはりだめだった。浪人生活は2年目に突入するが、どうしても数学が手に負えず、医学部は無理だと悟る。

予備校に籍は置いていたが、一切、行っていない。医学部じゃなければ受かるはずだと思っていたからだ。朝から名画座通い。見た映画のタイトルだけは記録していて、その数は1年で600本になった。1950年から10年間のこれはという作品はすべて見たと思う。

エンターテインメントの要素が強くちょっと荒っぽいアメリカ映画と違い、ヨーロッパ映画はいいものが多い。とくにイタリア作品の「甘い生活」は印象に残っている。「いい映画だったなあ。どんなアングルで撮影したんだろうか」。そんなことばかり考えていた。勉強を始めてもほかのことに考えが向かい、集中できなかった。

2浪して受けたのは早稲田と慶應、そして滑り止めの大学だ。文学部に入って東洋史、とくに中国を研究しようと考えた。近年の中国の台頭ぶりを見れば、みんながアメリカ、アメリカと言うなかで、私はいい読みをしていたといえる。ところが父は腰を抜かしてしまった。

「それは学者だよな。2代続けての学者は無理だぞ」。親にある程度の余裕がないと、学者になった子供を経済的に支えられないという。自分が医学者である父は「お前の面倒をみられない」。結婚するのも大変だと言われた記憶がある。

じゃあサラリーマンをやるか。早稲田の商学部に進むことにした。1962年だ。

マネジメントの原点はラグビー部の監督

大学で打ち込んだのはラグビー。といって早大ラグビー部で汗を流したというのではない。母校、小石川高校ラグビー部の監督になったのだ。高校の先輩である小山知泰さんに頼まれた。「えっ、僕でいいんですか」と驚いたが、やっぱりラグビーが好きで、すぐに引き受けた。

私自身は下手だけれど、上手な連中がコーチについてくれた。私の役目はみんなが気分よく練習できるよう環境を整えること。コーチの指導がちょっと厳しいなと思うとき、少し緩めるのも私だ。

監督としてグラウンドに立つ筆者（手前中央）

心がけていたのは、選手の誰よりも早く部室で着替えて最初にグラウンドに立つこと。3年半で私が練習を休んだのは試験と重なった1日だけだ。こうなると選手もサボりにくい。結果としてチームの力がついたと思う。もう少しで全国大会というところまでいった。

ずいぶんあとになってから、先輩の小山さんに「あのとき監督をやったことが役に立っただろう」と言われて、はっとした。確かに監督時代と同じことを仕事でもしているなと。こっちは世話役に徹し、「がんばらないと申し訳ないな」と相手に思わせる。あのとき監督をしていなければ、私のマネジメントスタイルもなかった。原点はあそこだ。

ラグビー部員は15人ぎりぎりで、選手のえり好みは許されなかった。手持ちの人材をどう上手に配置するかの勝負だった。そういう人繰りの鍛錬にもなった気がする。

よく会社では「優秀なあいつをうちの部署に回して」と人事部に働きかけるといったことが起こるが、私はそれをしたことがない。人事部が適当に配属した人材で何とかするのが当たり前だと思っている。たまたま回ってきた人材をどう上手に使うか。ラグビー部の監督で身についた能力が役に立ったと思う。私は人の好き嫌いというのもなくて、使い物にならないといった理由で人材を自分の部署から放り出すようなこともしない。

逆に言うと、いい人材を自分で選ぶという能力がない。だから、手持ちのメンバーで何とかやり繰りして「もう少しで全国大会に行けそう」というくらいのチームはつくれても、「全国大会に行く」レベルのチームはつくれない。日本を代表するような強豪チームをつくろうと思ったら、いい人材をきっちり選び取る能力が欠かせない。私にはそれがない。

学生運動にまぎれて卒業

大学で授業に出るのは朝から昼までの2時間で、あとは高校ラグビー部の監督業という毎日だ。社会科学系の本を読んでも中身がまったく頭に入らない。面倒なことを変な言い回しで書いているなあと思うだけだ。哲学系の本も同じで理解できない。学問とは縁がなかった。

みんながやっているものはやりたくないと敬遠する気分もあり、私は部活や同好会、サークルに加わらなかった。監督業が中心の生活で、一緒に昼飯を食うとかマージャンをやるとかがないから、誰かと親しくなる時間がなく、友達がいなかった。ノイローゼにならずにすんだのはラグビーが楽しかったからだろう。

勉強していないから、4年で卒業できたのはどさくさの幸運としか言いようがない。65年、学費の値上げなどを背景とする学生運動「早大闘争」が起きた。大学は試験どころではなく、成績の評価はことごとくリポート提出となった。第2外国語はドイツ語をとっていたが、一切勉強しておらず、リポートも書けない。これは弟の達雄に手伝ってもらった。出席日数が足りない科目は寛大なるご処置をと教授に手紙を書いてクリアした。大学内で一連の騒動が起きなければ何年かかっても私は卒業できなかったと思う。人生は運だ。

ずっと心に引っかかっていたのは、医者の道をあきらめざるを得なかったことだ。

父の心中は察してあまりある。自分から医者になると言い出した息子は小中学校で成績がよく、高校だって進学校。医者になるとほぼ確信していたはずだ。やっぱりやめると聞いた父の顔に落胆がくっきり浮かんでいた。私もさすがに参った。次は就職だ。少しまともにならなければならない。そう思った。

就職

「おっかない人」に学ぶ

1966年、私は広告業界で社会人のスタートを切った。本当は生命保険会社に入るはずだった。大学のゼミの先生が保険業界に顔がきいたからだ。ところが採用面接でちょっとしたことから担当者と口論になり、けんか別れになってしまった。

入社したのは読売広告社だ。父が当時の社長と友達だった。なんだコネ入社かと言われそうだが、そこには私なりの覚悟も込められている。

思ったほど頭がよくないと知り、私は医者の道を断念した。興味を持てること以外には何事にも集中できず、甘えた態度のままじゃ、この先の人生が危うい。自分は社会生活を営むにはぼんやりしすぎている。自分勝手に生活してここまで来て、このまま歳をとることに恐怖を感じた。医学部で医者になる勉強、法学部で弁護士になる勉強、教育学部で教員になる勉強などなど、みんな大学で社会に出るための準備を何かしている。なのに自分は何もしていない。これではまずい。

自分を変えるため、おっかない社長のいる会社で、でっち奉公のように働くのも悪くない。そう考えた。読売広告社の社長がまさにおっかない人だった。

私は新宿支社に配属された。支社長の久保寺保朗さんもまた厳しい人で、「そもそも営業っていうのはな」と私が望んだ通り鍛えてくれた。

読売広告社の主要な取引先は読売新聞社だ。入社してからの1年間、トレーニング期間でもある私の主たる任務は、新聞に載せる求人と不動産の三行広告の注文をとること。右も左もわからない新人ということもあるが、先輩や上司の言うことを素直に聞き、ものすごく地道などぶ板営業に励んだ。東京五輪のあとの不景気のころだ。社会人としてのイロハのイくらいは身についた気がする。とてもしごかれたが、感謝しかない。

営業先は世にあまたある中小企業。どういう企業の経営が危ないか、それを見極める感覚が身についた。プリミティブな営業の基本であり、それはのちに音楽業界でレコード店と取引をするときに役立った。あれ、このレコード店、そろそろ経営が危ないかも、と。

素人集団の強みを生かす

読売広告社の給料は高かった。当時の広告業界で安心して手形を受け取れるのは、電通と読売広告社といわれていた。読売広告社は「めざせ電通」と、総合広告代理店への脱皮を目標にしていた。

とはいえ、会社のなかにそのためのノウハウはない。まさかクライアント企業のところに行って「何かありませんか」と尋ねるわけにもいかない。

どの産業をどう、ねらうか。

私は新聞や雑誌の情報をもとに独自のデータベースをつくることにした。これはという記事を切り抜いて台紙に貼っていく。平日は営業があるから、作業は土曜日の午後と日曜日だ。インクで手が真っ黒になる地味な取り組みを1年半、続けた。結構、役に立つものができた。

68年のことだ。仕事で製版所に行くと、よその広告会社を通じてソニー（現ソニーグループ）が朝日新聞に出した広告が目にとまった。CBS・ソニーレコード（現ソニー・ミュージックエンタテインメント）という会社を設立し、社員を募集するらしい。

こういう広告は読売新聞にもほしいと思い、ソニーと交渉したが、けんもほろろ。このころ朝日は山の手、読売は下町のイメージで、読売向きの求人広告は左官、電気工など庶民的な匂いが漂うものが定番だった。

広告はとれなかったものの、その新しくできるという会社に私自身が引き寄せられた。

CBS・ソニーの求人広告=（株）ソニー・ミュージックエンタテインメント 提供

読売広告社は給料は悪くないし、総合代理店になろうとしているから新しいこともやれそうだが、CBS・ソニーの「年齢、学校の成績は不問」というのも捨てがたい。ギリギリまで迷ったが、社会人3年目、転職を決めた。

CBS・ソニーは大賀典雄さん（のちにソニー社長）が事実上のトップだった。一期生となる同期入社は確か50〜60人。私は広告だが、ほかには証券、ゼネコン、製薬などの出身者がいた。音楽とは無縁そうな素人集団になったのにはわけがある。新会社は50％が米国資本。通商産業省（現経済産業省）は同業のレコード会社から人材を引き抜かないようソニーに指示していたのだ。

だが、これが強みになる。業界の慣習や前例にとらわれずに行動するパワーが組織に生まれた。経験者には経験者の良さがあり、手堅い仕事ぶりで間違いは起きにくいが、プロだけの集団はやがて手を抜くようになる。その点、素人というのは手を抜かない。そういうがむしゃらにガツガツやるパワーも悪くない。

大賀さんもそこに気づいたと思う。ソニーミュージックではその後、いろいろなグループ会社ができるが、まずは素人を集め、段階的にプロを加える手法がよくとられた。戦闘力の高い集団をつくるコツかもしれない。

思いがけず飛び込んだ音楽の世界。舞台は東京から仙台に移る。

仙台勤務

給料と肩書でやる気を引き出す

CBS・ソニーレコードに入社した私はちょっと気取って「マーケティングがやりたい」と主張したが、「そんなもんはないよ」と営業部門に配属となった。レコード会社というのが何をやるところなのかについて3週間の研修が終わると、仙台勤務を命じられた。肩書は東京営業所仙台出張所の所長代理だ。といっても所長はいない。

ここがソニーの巧みなところなのだが、ソニーは働く人のやる気を引き出すために、給料と肩書を使った。ときに給料を上げて社員を元気にし、また別のときには、例えば所長代理を所長に格上げして気分をよくする。そうやって給料と肩書という道具をうまく組み合わせながらモチベーションを保つ。うまい。よくこういうことを思いつくなと感心した。

私と、現地で採用したアシスタントの2人だけで東北6県を全部カバーすることになった。

仙台にはソニーの販売会社があった。広瀬通に近いビルの1、2階が事務所、3階が独身寮だ。この3階の一部を改造してCBS・ソニーのオフィスにした。私は寮にも住んだ。当時27歳、独身。親のもとを離れて暮らすのは初めての経験だ。朝と夜の食事が用意され便利だった。ソニーの人たちから教わることが多く、相談できる人がいて心強かった。

アメリカのレコード会社の歴史を何年か遅れて追いかけるように日本の業界も右肩上がりに成長していた。シングルレコードだけでなく単価の高いアルバムが加わって市場が広がった。レコード会社の数も増え始めた。

仙台にはレコード各社の営業担当者がいた。ただし競争で火花を散らす、という雰囲気ではない。電化製品みたいに頑張れば数が売れるというものじゃないとの意識があった。ヒット曲は天下の回りもの。例えば美空ひばりのファンと、山口百恵のファンは別物で、一切、競合しないという理屈。ファンを奪い合う必要はないという発想だ。

どの会社も東北各地に取引先のレコード店があったが、大きな取引をしている場所ばかりではない。各社バラバラに集金に行っては非効率だと、こっちの地域はこのレコード会社、あっちの地域はこのレコード会社と分担して代表者がまとめてお金を回収してくるなんていうこともしていた。そうすることで旅費も浮くし、時間の節約にもなる。本来の仕事量の3分の1くらいしか働いていなかったのじゃないか。みんなのんびりしていた。

サイモン&ガーファンクルが人気だった
=（株）ソニー・ミュージックレーベルズ提供

そんななかで他社の営業にからかわれながら、私だけがガツガツと営業に回っていた。仙山線に乗って山形に。そこから新庄、鶴岡、酒田、さらに秋田へ。サイモン&ガーファンクルが人気を集めたころだ。鉄道での移動が多かったが、車内で好きな本が読めるから苦にならなかった。文学系の作品を中心にずいぶん読み、1年間でスチール製の本棚が埋まった。ただ、さすがに地理的にかけ持ちしづらい場所もある。福島県いわき市だけは東京から管轄してもらうことになった。

業界のしきたりに縛られない

CBS・ソニーは新参者だ。業界のしきたりに縛られずレコードの売り方をガラッと変えることができた。

それまでレコードジャケットが見えるように店頭に並べる手法はなかったが、CBS・ソニーが実践した。書店でいう平積みだ。やがて会社間で展示スペースの取り合いになった。アイドル歌手のポスターを店頭に貼るというのもCBS・ソニー流。どんどん新たなことを始めて勢いづく。このビジネスの歴史を持たないものの強みだ。業界ではちょっと嫌われていたかもしれない。

社会人としてイロハのイを学んだのが前の職場である読売広告社なら、残りのロハはこのころCBS・ソニーで教わった。

仙台の現場を担うのは自分だけで、裁量が大きい。変な上司のせいでねじ曲がらずにすんだ。ほかの地方の営業拠点を見ると、本社に人員増強を頼むところも多くあったが、仙台の私はそういう要請をしなかった。手持ちの商材とマーケットの大きさを見て、これは自分でできると思ったからだが、結構、気分よくやっていたのだ。「仙台は丸山一人だから」と本社が若干のお目こぼしをしてくれた面もある。レコード店も私が一人なのを知っているから対応がやさしかった。いい環境で仕事に打ち込むことができた。運がよかった。

あるとき母が仙台を訪ねてきた。私は街を案内した。何日かあとのこと。仙台で取引のあるレコード店5店のうち3店の人から「この間、お母さんと歩いていたでしょ」と言われた。母と私は「まるでハンコを押したみたいですね」と言われるくらい顔がそっくり。一目で親子だとわかったのだろう。

それにしても地方都市はこわいなと感じた。どこで誰に見られているかわからない。東京では体験したことのない感覚だ。ここで悪いことはできないなと思った。

香港生活

お見合いは「プレゼン」

2年間の仙台勤務のあとは香港駐在となる辞令が出た。ソニーと米CBSの合弁契約では日本と極東地域がCBS・ソニーレコードの管轄になっていた。唯一の海外拠点が香港。日本からレコードを輸入して現地で売るのが仕事だ。なぜ私だったのか。推測だが、独身でコストが安かったからだろうと思う。営業部門でも周りの連中はバタバタと結婚していて、家族連れの海外赴任となれば費用もかさむ。その点、私は身軽だった。

香港に転勤する話をすると、仙台のレコード店の店主から「結婚したほうがいい」と勧められた。海外で遊びほうけて身を持ち崩してはいけない。そう心配してくれたのだ。なるほど、行く前に結婚相手は決めておいたほうがいい。私は母に電話しお見合いをセットしてくれるよう頼んだ。高校時代から小説を読みまくった結果、どろどろの愛欲リスクがある恋愛は面倒、見合い結婚がいいと思っていた。

お見合いは自己紹介のプレゼンだ。私は「医者の息子なのに、なぜ医者にならなかったのか」を説明するくだりに神経を使った。医者の息子は医者になるのが当たり前の時代で、きっと相手もそこを気にする。単に私の成績が悪かったからなのだが、そこは上手に、たいした問題じゃないですよの体で話した。

3週間で10人に会った。プレゼンを繰り返すうち「きっと相手はここで笑うだろうな」と展開が読めるようになった。途中から誰が誰だか混乱してきた。お見合いの席で、その前に会った人の残像が浮かぶ。これはまずい。

もちろん、どのお嬢さんもいい。みんな95点くらい。結局、これぞという縁に巡り合えぬまま、「全部なし」にして香港に旅立った。1970年だ。

当時の香港には混沌とした世界が残っていた。街の中心部にはまともなレコード店がある一方、現地の人が行くような店では正規品と並んで海賊版が堂々と売られていた。

だが、この問題はほどなく解決する。販売代理店として手を組んだ中国人が賢い人で、海賊版をつくる張本人を営業担当者として採用した。するとCBS・ソニーのレコードに限っては海賊版が出回らなくなった。

当時はまだベトナム戦争の最中で、米兵が船で香港に遊びに来た。アメリカ人と日本人ではやはり音楽の好みが違う。日本では売れないレコードが香港では売れたりした。

そんなおかげもあって1年目の仕事は順調だった。会社全体の売り上げの5%くらいを香港で稼いだと思う。金額としてはそれなりのかたまりで、悪くない数字だ。当時の香港はまだ主権がイギリスにあり、中国に返還される前だった。イギリス文化と中国文化が混在する環境だ。その奇妙な面白さのなかで仕事ができていたのかもしれない。

遊びへと方向転換

2年目になると日本の事業が急拡大した。沖縄出身のアイドルでデビュー曲の「17才」がヒットした南沙織などの人気が出て、邦楽ビジネスが伸び始めたのだ。結果として香港の比率は1%を切る。すると、日本からの支援も減った。「香港はもう期待されていないんだな」と感じた私は遊びの方向へ舵《かじ》を切った。

代理店を任せた中国人がしっかりしていたこともあり、昼間はゆっくりお茶など飲んで過ごし、夕方からは、遊んで飲んでという生活に打ち込むことができた。

ゴルフ、テニス、ボウリングとメニューには事欠かない。日本人の仲間と共同で中古のヨットも手に入れ、週末には海に出た。エンジンはなく帆で進むヨットでふたり乗りなのに4人で出かけたり、危ないことをしていた。あるときマストが折れ、遭難しかかった。運よく、私たちを見つけてくれる人がいて命拾いしたが、かなりいい加減なことをしていたと言わざるを得ない。

そしてラグビーだ。香港にはリーグ戦がある。警察、消防、軍の関係者による各チームのほか、ふたつの市民チームがあって競い合う。私は市民チームのひとつ「ロイヤル香港フットボールクラブ」に入った。

ラグビーは100％イギリス文化のスポーツだ。私のチームはほぼ全員がイギリスやアメリカ、オーストラリア出身の白人。アジア人は私だけだった。チームには同性愛者という人が結構いた。私は英語がさっぱりわからないというのが理由だったと思うが、誰かに言い寄られるという経験はしなかった。

ただ「いじめ」にはあった。国と国の歴史的経緯もあるだろう。日本人が大嫌いというメンバーがいて、試合中にも意地悪をされた。そういう私を救ってくれたのは、ケンブリッジやオックスフォードといったイギリスの名門大学を出たばかりの若い人たち。インテリだし多様性を重んじようという意識があったのかもしれない。

一口に香港のイギリス人といっても、ざっくり分ければ2種類だ。まずは、ずっと香港にいて、戦争中には日本軍に痛めつけられたという体験や感情を持っている人たち。私をいじめたのはそういう層の連中だ。もう1種類のイギリス人は上流階級に属し、高等教育を受けて香港に赴任してきたような人たちで、彼らが私の味方になってくれた。

香港で出会った正子（左から3人目）と結婚した（筆者は右隣）

ひたすら練習し、それほど試合はないという日本とは違い、香港ではあくまでも試合が活動の中心で、そのために若干の練習をする。かつて経験のないラグビー文化に触れることができた。

2年弱の香港生活の締めくくりは結婚だ。相手は友人の友人だった正子。ヨーロッパ旅行の帰り、彼女が香港に立ち寄ったときに紹介された。2人は絶対に相性がいいと友人に言われ、その気になった。日本と香港に離ればなれだから、結婚までに会ったのは5回。恋愛期間があったような、なかったような……。

あと4、5日で帰任という日、香港で式を挙げた。入社後すぐ仙台、香港と赴任し、東京には会社の知り合いがほとんどいない。だったら友人知人が大勢いる香港でやろうと。帰国する挨拶もできる。

そして東京に戻る旅が、そのまま新婚旅行になった。

フォーク

あえてラジオの深夜枠に注目

東京に帰った私の最初の肩書は東京営業所長だった。よそのレコード会社では取締役が兼務するような高い役職だ。CBS・ソニーレコードは若い会社で、人事にもドタバタ感があった。その後、私は異動が続き、1974年には制作部門に属する販促課の主任になった。

2年ほどの短い間に所長から主任に。社内外で左遷人事と言われたが、そんな声を気にする余裕はなかった。経験したことのない宣伝、販促の仕事に戸惑っていた。芸能界との関係が濃く、業界特有のしきたりがある部署なのだ。それを知らないと右にも左にも動けない。そういうドギマギした感じは周囲に伝わる。だから私はよくからかわれた。

制作には、アイドル時代を築いた酒井政利さんがいた。山口百恵や郷ひろみを手がけた敏腕プロデューサーだ。あるとき私は何の気なしに机の端に腰かけて話をした。すると酒井さんが「ヒットが出なくなるぞ！」と声を上げた。ええっ、そうなの。冗談が冗談だとわからないほど私はおどおどしていた。

CBS・ソニーはアイドル路線がうまくいき、アイドル第一号の南沙織に続き、天地真理、浅田美代子らが人気を集めた。会社の主流派はアイドルの仕事をする人たちだった。

そんななかで私にはフォークの担当が回ってきた。吉田拓郎、ばんばひろふみ、五輪真弓など20組ほどの歌手がいたが、割かれた人員は私とアルバイトひとりだけだった。

フォークはできたばかりのジャンル。しかもレコード会社の役割がむずかしい。楽曲は歌手本人がつくるし、プロモーションも自前で、学園祭などで歌っていた。それでそこそこレコードが売れ、一通り完結する。レコード会社として何を糸口に彼らと関わればいいだろうか。

フォークの連中が活動する場にラジオの深夜放送があった。ニッポン放送の「オールナイトニッポン」、文化放送の「セイ!ヤング」といった番組だ。

メディアの主役がテレビに移り、ラジオはマイナーになった。さらにマイナーな深夜枠がフォークに開放されていた。フォークの世界には「歌」より「しゃべり」がメーンという雰囲気がある。コンサートでもずっとしゃべっていて、終わりのほうで慌てて何曲かまとめて歌うなんていうことがなされていた。さだまさしや武田鉄矢のような話し上手が多く、フォーク歌手がラジオ番組のパーソナリティーに続々起用された。

これだ。ラジオの深夜放送を自分の居場所にしよう。ほかの連中は誰も、メディアの主役から遠のいたラジオ、しかも深夜枠などに目を向けていなかった。じゃあ、ここを押さえてやれ。

私は市ケ谷の自宅からラジオ局のある有楽町や赤坂などに深夜、通うようになった。パトロールと称してグルグル回っていた。33歳の私はすでに髪が白かった。毎晩やってくる白髪おやじはフォーク界で有名になり、南こうせつやさだまさしなど、レコード会社が違う歌手たちとも親しくなった。「丸さん、丸さん」と声をかけられた。彼らのマネジャーや関係者たち大勢と知り合いになった。

太田裕美を売り出す

そのころの同僚に白川隆三さんがいる。すごく優秀で、ついつい楽なほうに流される私を叱咤《しった》激励し、教育してくれた。とかくぼんやりしている私を見て、チームとしてやっていけるよう、いろいろ配慮してくれたのだと思う。私のほうも正しいことを言われれば素直に聞き入れられる。そういう性格だったのは幸いだった。

白川さんは本当に多才だ。大ヒット作品「鬼滅の刃」で有名になったアニメ事業の会社アニプレックスの前身となる組織を立ち上げたのもこの人。「この業界ではこれが常識だか

ホームランになった太田裕美の「木綿のハンカチーフ」＝
（株）ソニー・ミュージックレーベルズ提供

ら」といった凝り固まった発想や慣習に従うのが嫌いで、偉くなろうとも思っていない。常にサバサバしている。そういうところが私と近く、気が合ったし、彼から影響を受けたことも多かった。

そんな白川さんと一緒に担当することになったのが渡辺プロダクション所属の太田裕美だ。彼女はものすごく期待された新人というより、ドラフト2位指名くらいの位置づけで、まずは私たちに任せてみようということだったと思う。すごく簡単に言えば、それほど期待はされていなかったということだ。

どんな路線でいくか。白川さんが選んだのはアイドルとは違う、若干フォークの匂いがするような売り方だった。となると私のフォーク人脈も使える。太田裕美を顔見知りのフォーク歌手たちに引き合わせ、深夜のラジオで曲を流してもらった。

白川さんは作曲を実力のある筒美京平に、作詞を当時まだ新人だった松本隆に依頼した。デビュー曲の「雨だれ」はヒットし、その後の「木綿のハンカチーフ」はホームランになった。これで私自身も少し自信がついた気がする。

アイドルではなくフォーク。テレビではなくラジオ――。みんなが集まり混雑しているところは避け、すいているところでスイスイ仕事をする。自分流のスタイルがだんだんと見えてきた。

エピック移籍

賞レースと距離を置く

ＣＢＳ・ソニーレコードの成功を見てよそのレコード会社もアイドル路線になだれ込んできた。あのころはＣＢＳ・ソニーだけで年に10人以上、業界全体では年に１００人以上がデビューしていただろうか。明らかに需要と供給のバランスが崩れていた。みんなが売れるはずがない。

もちろん第一線で活躍できる人は限られる。アイドルはビジュアルを重視して売るのが基本だ。テレビに出ないと始まらない。アイドル量産のブームのなか、鮮度を保ちテレビ画面に映り続けるのに、どうしても必要なことがあった。ＴＢＳの「日本レコード大賞」を頂点に放送各社が手がける音楽祭で新人賞を獲得することだ。

年末の音楽祭に向け、9月ごろから賞をとるための作業が始まる。どのレコード会社も全社一丸で取り組む。

構造上、どうしてもテレビ局に頭を下げる格好になる。「うちの○○をよろしくお願いします」と。各局のプロデューサーは偉そうにしていた。音楽祭で審査員をする先生がたにもお願いしないといけない。レコード会社の販促担当者の大きな仕事だった。

めんどくせーなあ。それが私の率直な気分。そういうのは得意ではなく、仕事だとしても絶対にやりたくない。そういう思いが私の体からにじみ出ていたのだろう。到底、アイドルを担当するチームには入れない。私が主流派のアイドルではなくフォークを担当していたのにはそういう理由もある。

もちろん音楽業界も広い。テレビ局にも賞レースと距離を置く人たちがいた。そういう人たちとは気が合った。私は彼らとそれなりに楽しく働いていたのだが、どこかしっくりこないなとの思いもあった。

賞をとろうと会社を挙げて努力しているのに、自分だけ斜に構えているのも大人げないとの気持ちだ。そもそも宣伝、販促のような仕事が私には向かないのだ。人事部長にかけ合って課長職で営業に戻してもらった。1978年1月のことだ。しめしめと思った。

CBS・ソニーを追い抜く会社に

ところが、である。わずか3~4カ月先に予想外の展開が待っていた。

CBS・ソニーが出したエピックの求人広告＝
（株）ソニー・ミュージックエンタテインメント提供

この年、CBS・ソニーは会社設立10周年を迎え、記念事業として新たなレーベル会社エピック・ソニーを立ち上げることになる。やがて経営幹部ら第1陣の人事が発表された。うまくいかなそうだなあ。顔ぶれを見ての第一印象はそれだった。

続く第2陣の発表に仰天した。自分の名前がある。しかも邦楽部門のトップだという。制作と宣伝、販促を束ねる役回りだ。そういうのが苦手だから営業に戻ったのに。

私は第1陣リストに名前のあった幹部に「新会社行きは勘弁してほしい」と慌てて申し出た。「君は僕と仕事がしたくないということか」と幹部。「はいそうです」とはまさか言えず、異動したばかりだし制作は不向きだと訴えた。

そうこうするうちCBS・ソニーのトップ、大賀典雄さんに呼ばれた。「お前の好きなようにやっていいから」と言う。「本当ですね？　ほかに指示はないんですね？」と確認すると、ひとつだけ条件がついた。それは「10年後、CBS・ソニーを追い抜く会社にすること」だった。

親であるCBS・ソニーを子のエピックが追い越せというわけだ。ずいぶん漠然としていて、大雑把な指示だが、そこまで言われたらもう逃げられない。

CBS・ソニーは絶好調だった。時流に合わせ、親会社と同じアイドル路線で結果を出すという考え方もあっただろう。でもそんなコピー経営は自分にはピンとこないし、面白くもない。やる意味がない。

歌謡曲やアイドルはダメだし、フォークも世の中に充満し始めていた。やはりねらうなら、みんなが殺到して混雑する分野ではなく、誰も行っていない、すいている領域にしよう。そんな音楽ジャンルはいったい何か。お、ここはすいているぞ。私はロックに注目した。

新レーベル

「すいているからロックをやった」

1978年8月、新レーベルの会社エピック・ソニーが発足した。邦楽部門のトップを任された私が目をつけたのはロックだ。のちに「ロックが大好きな丸さん」などと呼ばれたが、それほど格好いい話ではない。レコード業界ではまだ誰も手を出しておらず、すいていたのだ。音楽ビジネスをやっている人は「根っからの音楽好き」という人が多い。私はそうではない。「すいているからロックをやったんだよ」とは当時なかなか言えなかった。

ロック歌手に「うちと契約しないか」と言うとみんな喜んだ。契約するときには、レコード大賞や新人賞をとりたいとか、紅白歌合戦に出たいとか言い出さないと約束させた。所属アーティストがそういうことを望むと、レコード会社はテレビ局などに頭を下げなければならなくなる。私は「誰かに何かをお願いしなくてもすむレコード会社」をつくりたかった。

もっとも最初からロック一辺倒で突っ走ったのではない。エピック幹部のなかには、10年間やって成功した親会社CBS・ソニーの手法を踏襲すればいいという思考の者もいたし、ロックが商売になるかどうか検証されてもいなかった。ロックは商売になるとみんなが思ってはいないからこそ誰も手を出していないわけで、そういう意味では大きなリスクがある。

そこで当面は「ロックでいく」という軸は自分の心のなかにしまっておき、オールジャンルの路線を進むことにした。だから会社の設立から2年くらいは上司の意向を汲んで歌謡曲やアイドルも手がけた。

シャネルズに学んだ「売り出し方」

少し時間がさかのぼるが、滑り出したころのエピックを支えてくれた忘れがたきグループがいる。彼らと出会ったのはヤマハがアーティスト発掘のために主催していたコンテストの会場だった。中野サンプラザだ。

音楽的な位置づけはよくわからないが、ほかでは見たことのないパフォーマンスをする10人組だった。アメリカの黒人音楽を歌うコピーバンドで、不思議と引きつけられるものを感じた。コピーの仕方がよかった。私に深い音楽の知識はなく、彼らが音楽的にどんな位置づけになるのかよくわからなかったが、そのころの音楽業界で誰もやっていないことをしていた。そこが面白い。そういう存在はどうしても引っかかるよね。

ただメンバーの人数が多く、契約したあと、ちゃんと面倒をみていけるのかとためらうレコード会社ばかりだった。つまり、すいていた。これはいい。まだエピックが正式に発足しておらず、準備室の名刺だったが、私はそれを持って彼らの楽屋を訪ねた。

もちろん世の中の人は誰も知らないレーベルだ。間もなく最初のレコードを出す新しい会社なのだと説明したが、彼らも「聞いたことのないレコード会社だ」とはじめ難色を示した。すんなりとではなかったが、何とか契約にこぎ着けた。グループの名をシャネルズという。のちのラッツ＆スターだ。

契約はしたものの、すぐにレコードは出せず、まずはライブハウスで歌う活動が中心となった。やがて、彼らが顔に塗る靴墨とやっている音楽が何だかしゃれていると評判になる。あれを見に行かないとまずいぞ。ＣＭクリエーターや雑誌の編集者といった「おしゃれ系」の仕事をする人たちが注目し、新宿にあるライブハウス「ルイード」に詰めかけ始めた。人気に火がついた。

そして決まったのがパイオニアのラジカセのコマーシャルへの起用だ。そこで流れた30秒の彼らの歌がとてもいい。その部分を聞くだけで絶対に売れるとわかるくらいよかった。

デビュー前のシャネルズ=（株）ソニー・ミュージックレーベルズ提供

作詞は湯川れい子、作曲は井上忠夫。ぜひこれをレコードにと考え、2人に頼んで、30秒を前後に引き延ばしてフルの一曲にしてもらった。普通はまず曲があり、さびを切り取ってコマーシャルに使うが、それとは逆のプロセスをたどった。

できあがったデビュー曲「ランナウェイ」は大ヒットした。シャネルズが成功したおかげでエピックは財政的に独り立ち可能となった。その後、私が好きなように気分よく仕事ができるようになったのも彼らがいてこそだ。

まずはライブハウスで披露し、聴く人の反応を探る。ロック歌手を売り出すときの方法もシャネルズから学んだ。

団塊三人衆

波長がぴたりと合う

エピック・ソニーをロック路線で盛り上げてくれた3人のプロデューサーがいる。佐野元春、大江千里、TMネットワーク、岡村靖幸、渡辺美里を見つけてきて、めちゃくちゃ売れるようにした小坂洋二さん。シャネルズに続きドリームズ・カム・トゥルー、小比類巻かほるを手がけた目黒育郎さん。そして彼らのプロモーションを仕切った宣伝の室田元好さんだ。

オーディションをやったり、どこそこで歌っているヤツがいるという噂を聞きつけて出かけたり。とにかく新人を見つけてきてはヒットにつなげる。同じように仕事をしている人間はたくさんいたけれど、この3人は突出していて、単純化して言えば、当時のエピックはこの3人のおかげで成り立っていた。

ミュージシャンもスタッフもおおむね団塊の世代かそれ以下というのがエピックだった。

エピックのロック路線を象徴するひとり、佐野元春=
(株) ソニー・ミュージックレーベルズ提供

団塊の世代の彼らは私の世代とは感覚がまるで違う。私なりに彼らを分析すると、新聞や雑誌という活字よりテレビから主に情報を得ている。ある特定の分野の情報を圧倒的に多く持っていて、やたら詳しい。ビートルズを聴き、アメリカのホームドラマ、青春ドラマを見ている。伝統的な上下関係を気にしない。根性で努力なんていうのは格好わるいと考える。アメリカ西海岸のライフスタイルが考え方の基軸にあって、価値判断の基準は格好いいか、わるいか。人に頭を下げるのが嫌いで、テレビ局が仕切る音楽祭はダサいと思っている。そういうことをやらずに音楽ビジネスに関わりたいという連中だ。

そう、私と波長がぴたりと合った。

「丸さん、これやりましょうよ」。賢明な彼らは私を使えば面白いことができると考えたのだろう。いいように操られているなと思いつつ、私は抵抗せず受け入れた。彼らの提案で7～8月はレコードを出さないというルールを決めたこともある。「夏休みをとらなきゃ。暑いときに仕事なんてしていられませんよ、ねえ丸さん」。エピックはあくせくしない。そういう格好よさが大事だった。

使い勝手のいい上司

企画制作2部の次長という立場にあったころ、業界紙の取材で、どう部下を育てているのかと聞かれた。私の答えは「上司は部下を育てられない。部下が上司を育てる」。エピックにいたとき、いちばん学んだこと、実感したことがそれだ。考えてみれば私は人を説得して相手の考え方をひっくり返すのに成功したことがない。

もちろんたまには自分の意見を言う。でも向こうに「丸さん、それは違うでしょ」と反論されると「なるほど、そうだよな」と納得しちゃう。会社組織だけれど上意下達なんかではまったくない。根っからの「利用されやすい体質」なんだろうと思う。ざっくり表現すれば「下の言うことを聞いてやってきたのが私」ということになるかもしれない。

小坂さんたち3人も私が見いだしたのではなく、「使い勝手のいい上司」として私のほうが彼らに見いだされたのだ。「丸さんをうまく使えば、面白いことができるかもしれない」と彼らは思った。そういう連中がやりたがっているのがロックだった。

タテ社会よりヨコ社会

エピック行きを命じられたとき、好きなようにやっていいと言われても、好きなことが何もなく困惑した。しかし若い連中と仕事をするうちに、ロックならば一生懸命やれると思うようになった。そういうものとの出合いは生まれて初めてだった。

団塊の世代は私に対してため口だったが全然、気にならない。すでに書いた通り、大学生のとき高校のラグビー部で監督をしていた。部員たちもため口で、私には免疫ができていた。

リベラルな家庭環境で育ったことも影響しているかもしれない。祖父、祖母がつくった家庭はリベラルだった。

父は日本医科大学の教授で学長もつとめたが、組織のヒエラルキーを一生懸命、崩そうとしていた。医学の世界は教授が勝手にテーマを決め、若い研究者にやらせる。そして成果を総取りしてボスになる。父は「自分で見つけたテーマでなければやる気が出ない」が持論で、研究者の自主性を重んじた。偉そうに振る舞うなんて、いかん。それがわが家の雰囲気だった。

私は間近でそれを見ていたから、エピックでは部下たちに好きなアーティストと契約させた。放任だ。もちろん限度はある。相手はアーティストという人間。場合によっては失業させてしまう。だから一人で面倒をみるアーティストは3人までと決めた。その範囲なら進むか退くか、判断は部下たちに委ねた。

こういう風通しのいいやり方は当時のレコード会社では珍しかった。洋の東西を問わず、この業界は縁故主義的なところがあって「いい子がいるからデビューさせてよ」と知り合いに頼まれるケースが結構ある。ポリティカル・リリース（政治的な発売）だ。でもそういうことをしていると会社はよどむ。

ゼロとは言わないが、エピックではほとんどなかった。だから会社は合理的で、業績も伸びた。硬い組織の論理を押しつけていたらエピックの企業文化はつくれなかったろう。エピックはタテ社会ではなくヨコ社会だった。

エピック旋風

「ゆがんだ感じの人」を採用

ロックのアーティストはテレビに出ない。でも認知度が上がらないとレコードは売れない。ユーザーがアーティストの存在を知る機会をどうやったらつくれるか。基軸にしたのはライブハウス活動だ。テレビの音楽では飽き足らず、違うものを求める人たちを相手に地道にライブをやった。動員数は次のレコードが売れるかどうかの先行指標でもある。いいアーティストのライブは目に見えて来場客が増えた。

やがて「ライブハウスにこそ面白いものがある」と言われるようになった。感度のいい連中が「あそこに行かないと時代の波に乗り遅れるぞ」と思ってくれたのだ。CMを制作する人が見に来て、アーティストの楽曲がCMに使われ、ヒットする。そんな好循環が生まれた。テレビに出演させてと頼んだり、音楽祭で賞をくださいとお願いしたりしなくても成立するモデルができあがった。

もちろん一人のアーティストができるライブは月に1回か2回だけれど、アーティストは大勢いる。毎晩どこかのライブハウスでエピック・ソニーのアーティストが歌っていた。私は白のポロシャツにジーパン、スニーカー、白髪頭という風貌で夜な夜なライブハウスに出かけた。どこから見ても丸山だとわかる。偉い人がライブに来て、熱心に見てくれるレコード会社と評判になった。エピックが一種のブランドと化した。

「エピックと契約したい」。有望なロックミュージシャンもそう言い出すほどになった。野球少年がこぞって巨人と契約したがったように、ミュージシャンはエピックと契約したがったのだ。

若い音楽好きのユーザーにとっては「エピックが認めるアーティストなら間違いない」と品質保証の意味を持った。

こうなるとエピックで働きたいという人も増える。毎年、何千人も入社試験を受けに来る。社員のプライドが高くなるのは必ずしも悪くないが、人事部が偉そうに採用していたのはよくない。しかも成績や経歴が整った人材ばかり選んでいる。上司の指示に従いたがる社員が増えてきた。説明がうまいようなやつばかりで出来の悪い者がいないと、面白くない。

危ない兆候だ。社員がエピックブランドのファンになれば、それまでと同じようなことを繰り返したがり、変化を嫌うようになる。ファンというのは崇拝する対象に「自分のイメージ通りであってほしい」と思うものなのだ。

私はエピックの事実上のトップである専務になっていた。人事部の方針に注文をつけるだけでは足りず、自ら面接して熱心にアルバイトを採用した。さも優秀というのではなく、少しゆがんだ感じの人を選ぶ。そして、一緒に仕事をしてこれはという者を社員にした。

新入社員の配属を断ってバイトを社員にしてしまうのだから人事部は嫌がったよね。でも、適性検査や何回かの面接でその人の何がわかるのか。バイトの連中は1年間を通じて面接して採用するようなものだ。よっぽど正しく人物評価ができると私は押し切っていた。丸山は正規ルートの社員に冷たい。そんなジェラシーと不満の声も出ていたように思う。でも実際のところ、その後のエピックの成長を支えたのはバイト出身組だった。

音楽業界の地殻変動

ロックが大成功した結果、1980年代の後半、音楽業界に地殻変動が起きた。旬のロックアーティストが出ないから、テレビのベストテン番組が廃れた。番組の衰退とともにアイドルのマーケットが縮んだ。フジテレビの「夕やけニャンニャン」で人気が出たおニャン子クラブがアイドルらしきものとして存在していたが、絶頂のときに突然、番組を終了してしまった。

気がつけば、世の中全体で、ロックバンドが大流行り。かつてがらあきだったロックの市場が大混雑だ。競争をしたくないからロックに来たのになあ。私のビジネススタイルからずれてきた。

ならば手薄になったアイドルをやろう。そう考えたが、エピックの若い社員たちは反対した。エピックがアイドルだなんて。「エピックはロック」というブランドイメージが壊れるという。それでも長く一緒に仕事をしてきた目黒育郎プロデューサーは面白いと賛成してくれた。

誕生したのが東京パフォーマンスドールだ。やはりエピックの雰囲気とは違いすぎると敬遠され、青山にあるエピックのオフィスには拠点を置けず、恵比寿にビルを借りてのスタートとなったけれど。グループにいた篠原涼子がのちに人気者となった。

いま主流のヒップホップに関心を持ったのもこのころだ。フリーランスのプロデューサー、真下幸孝さんに勧められて、レコード会社やレーベルをつくった。これは日本のレコード会社のなかでも早い動きだった。アメリカ発でＤＪやブレークダンスが特徴のヒップホップは、ファッション文化とも結びついている。音楽だけでなくアパレルのデザインも手がけている。だから日本の中心地は、アパレル関係者が多く集う東京の裏原宿と呼ばれる

篠原涼子の曲もヒットした＝（株）ソニー・ミュージックレーベルズ提供

一帯だ。

私も夜遅い時間帯にうろうろするようになった。クラブだ。綺麗な女性が「いらっしゃいませ」とお客を出迎える銀座のクラブではないほうのクラブ。最先端の若者たちが生息しているところだ。ヒップホップのアーティストとその関係者は必ずしも酒を飲まない。私も彼らの流儀に従った。メロンソーダをストローで飲みながら、ときには朝の4時までいろいろな話をした。ちょっとわけがわからないけれど、何だか格好いいでしょう?

ソニーミュージック上場

CBS・ソニーと経営統合

1988年3月、エピック・ソニーは親会社であるCBS・ソニーグループと経営統合した。私はCBS・ソニーの取締役になった。この少し前、ソニーが米CBSのレコード部門を買収した。ソニーは大金を使い、それをまかなおうと浮上したのがCBS・ソニーの株式上場だった。連動してエピックなどのグループ会社を束ねることが決まった。

えーっ。統合の計画を聞いたとき私は衝撃を受けた。

エピックはCBS・ソニーから移った人間と、外部から採用した人間とで成り立っていた。CBS・ソニーの出身者の多くはいずれ本社に戻りたいと願っていたが、私は違う。本社に戻ったら、また大嫌いな音楽祭の仕事などをしなければならなくなる。誇大妄想的だったかもしれないが、いつかエピックの側がCBS・ソニーを吸収しようと考えていた。そうすれば自分が好きなことを、やりたいように続けられる。

CBSのレコード部門買収について記者会見するソニーの大賀社長（手前）＝日本経済新聞社提供

せっかくここまで成長したエピックが吸収される？　冗談じゃないぞ。悔しかった。

伝統的にCBS・ソニーは堅苦しいガバナンス、組織管理とは無縁の会社だった。決裁が必要なときは、大賀典雄さんから社長を引き継いだ小澤敏雄さんのところに行き、OKをもらえば完了。スピードがあった。

上場するとなれば、そうはいかない。まず決裁の規定ができた。中身をいちいち紙に書いてファイルしていく。課長、部長、取締役と関与し、やたら面倒で時間がかかる。管理職が増え、得意げに権限を振るう者も出てきた。「こんなのうまくいきっこない」「勘弁してよ」。現場からネガティブな声が上がった。だがすでに決まったことで、準備を進めるしかない。上場準備室には社員をまとめるだけの現場力、人間力のある社員たちが集められた。結果として、現場はスカスカになった。経営的にはマイナスだったといまでも思う。

絶好調で覚えた危機感

統合で独立した会社ではなくなったものの、エピック部門は絶好調だった。レコード業界のロック路線を牽引し、夢のような職場になっていた。あまりによすぎて気味が悪いほどだ。そうそう長続きするものではないだろう。そんな危機感めいたものが私のなかで少しずつ膨らんでもいた。このままじゃまずい。

本来、音楽のようなソフトビジネスは様子を見ながら、うまくいったら大きく投資するというステップを踏むもの。まずどーんと工場を建てるところから始まる装置産業とは違う。ところが、丸山が言うなら大丈夫だろうと、はじめから大きな予算がつく。私の主張がすいすい通った。ブレーキ役はいない。

よほどひどい問題でも起こさない限り、丸山体制が続いてしまいそうだ。部下たちはどう思うだろう。丸さんと働くのは嫌じゃないけれど、さらに10年続くとなると、どうかな……。そんなモヤモヤした現場の気配を私なりに感じた。「こういう提案をすれば、丸さんは許可を出す」と部下に読まれるようになっていた。これもよくない。

確か90年だったと思う。私は自分から言い出して、エピックの日常業務から実質的に身を引いた。エピック担当の取締役として月1回の会議にだけ出ることにして、あとはバトンタッチした。

CBS・ソニーは91年4月、社名をソニー・ミュージックエンタテインメントに改め、11月に東証2部に上場した。日経の記者が足しげく取材に来て、記事が紙面を飾る。なんだか大会社になってしまったのだ。

ゲーム参入

任天堂の変心からゲーム機開発へ

エピック部門の現場から退いた私は時間に余裕ができた。面白い話はないかと常に物色していた。CBS・ソニー、エピックと自分が関わったものがふたつともうまくいって、もうひとつ新しいことをやらなければならないという気負いもあっただろうか。

社内外からいろいろと声がかかった。そのなかにソニーで技術者をしていた久多良木健さんから持ち込まれた案件がある。任天堂のゲーム機「スーパーファミコン」用のCD-ROMドライブをソニーがつくり、対応ソフトも開発するというプロジェクトだ。

任天堂が1983年に発売した「ファミリーコンピュータ」は大ヒットし、私の周りのミュージシャンたちも夢中だった。ソニーミュージックも専門部隊を設けてソフトをつくっていた。

スーパーファミコンは90年の発売。ソニーは音源用の半導体を供給し、それを手がけるのが久夛良木さんのチームだった。この関係をテコにしてCD-ROMまで手を広げようというわけだ。対応ソフトの開発を手伝ってほしい。それが久夛良木さんから私へのリクエストだった。

実はソニー社内には久夛良木さん以外にもCD-ROMに可能性を見いだし、開発に励む人が2人いた。作業自体は久夛良木さんより進んでいただろう。ただ久夛良木さんがすぐれていたのは任天堂の軒先を借りてCD-ROMの事業を進めようとしていた点だ。ゼロから立ち上げるよりずいぶん楽になる。久夛良木チームがソニーのCD-ROMを引っ張ることになった。

ゲーム参入を言い出した久夛良木さん

任天堂と競合しないようゲーム以外のソフトに限られるが、これは商売になると私は思った。家庭用カラオケがねらい目だ。CD-ROMのカラオケソフトを再生し、マイク片手に家で熱唱する人の姿が目に浮かんだ。スーパーファミコンはすでにテレビにつながっていて、これにCD-ROMがくっつけば、あとはマイクがあればいい。ソニーミュージックは家庭用カラオケ市場で出遅れたが、これで一発逆転できる。きっとカラオケソフトがめちゃくちゃ売れるに違いない。

任天堂との契約に基づきCD-ROMドライブの供給準備が着々と進んだが、91年、任天堂は契約をほごにしてしまう。「いつソニーが心変わりしてゲームに進出してくるかわからない。提携しないほうがいい」。警戒する声が任天堂社内にあったのだろう。

任天堂はソニーをゲームから遠ざけたつもりかもしれないが、皮肉にも事態は逆の方向に進んでいく。はしごを外されて怒った久夛良木さんは次なる策としてゲーム事業への参入をひねり出した。

天才的な発想をする久夛良木流には慣れているはずの私もびっくりした。任天堂のひさしを借りての事業だと気楽に構えていたのに、ゲーム機から開発するとなれば話は別だ。ソニー社内でも久夛良木案への逆風が吹いた。

「Do it（ドゥー・イット）」会議

さて、どうするか。92年6月、ソニーの社長だった大賀典雄さんが会議を招集した。東京・品川の役員会議室には私や久夛良木さんを含めて十数人が顔をそろえた。

ソニーは80年代にゲーム事業で失敗した経験がある。会議の出席者にはその担当者たちもいて「優秀な自分たちがやってできなかったのに、お前たちにできるはずがない」という態度だった。私はこれにむかっときた。やってやろうじゃないか。ゲームに取り組む気持ちに火がついた。こういう思いは尾を引くもので、持続性がある。

そして久夛良木さんの一言だ。「任天堂に話をひっくり返されたままでいいんですか」。顔に塗られた泥をぬぐうにはゲームをやるしかないと責め立てる。大賀さんは机をたたいた。「そこまで言うならやってみろ」。世間でも有名な「Ｄｏ　ｉｔ（ドゥー・イット）」会議だ。

ゲーム事業の母体となる会社にはソニーとソニーミュージックが折半出資することになった。「ソニーだけでやってもうまくいかない。ソフトのことがわかるソニーミュージックと一緒にやらなければだめだ」という大賀さんの指示だ。はじめ私は抵抗した。ソニーミュージックが音楽で培ったソフトのノウハウが必要なのはわかるが、ゲーム機の開発はしくじれば巨額の損失が出る。ソニーミュージックの経営が行き詰まりかねない。

だが大賀さんが決めたのならやるしかない。それまでゲームのゲの字も知らなかった私は慌ててゲームビジネスの研究を始めた。私にとって怒濤《どとう》の10年の幕開けでもあった。

6人の創業者

毎晩10時から議論

やがて家庭用ゲーム機「プレイステーション（プレステ）」に結実するゲームビジネスには6人の創業メンバーがいる。

言い出しっぺの久夛良木健さんはハード（機器）の開発を担当。財務は徳中暉久さんが取り仕切る。営業は佐藤明さん、ソフトと外部折衝は高橋裕二さん、システム開発は岡本伸一さんが受け持った。私は営業とソフトを全体的に見る立場だ。

実はこの6人の上に、ソニーの副社長をつとめた伊庭保さんがいた。私たちが取り組むゲームのプロジェクトに対してソニー社内から起こるさまざまな「雑音」を抑え、防波堤になってくれたのが伊庭さんだ。

主なメンバーは毎晩10時すぎ、東京・紀尾井町にあるホテルニューオータニのバーに集まった。腹も減っているし、酒も飲みたい私たちには都合がよかった。今日はこうだった、

創業時の主要メンバーと筆者（中央）

明日はこうやろう。そんな議論を何年も続けた。それくらい強力なコミュニケーションが必要だったということでもある。

はじめのころはトップ人事もサークルの部長を決めるようなノリだった。初代社長を誰にするか。ソニーはいばっていてゲームソフト会社の評判がよくないから、腰が低く受けがいいソニーミュージックの出身者から選んだほうがいい。そんな流れで「社長は丸さんだよね」となった。

そこでソニーミュージックの会長だった小澤敏雄さんに話すと、返事は「だめ」。私にはソニーミュージックの仕事もあり、ゲームにかかりきりでは困るという。じゃあ誰？となり、小澤さんを引っ張り出すことにした。私は副社長になった。

「久夛良木さんのマネジャー」

いろいろ作戦を練り、計画を立てる日々。ときに大賀典

創業時の主要メンバー

雄さん（当時ソニー社長）に連絡する必要がある。ソニーミュージックの幹部でもある私は直接コンタクトできるが、問題は久夛良木さんだ。あのころはソニーの課長クラスで、さすがに直接は連絡できない。だからよく私は「緊急だから大賀さんに伝えて」と久夛良木さんに頼まれた。彼のマネジャーをしていたようなものだ。

久夛良木さんは歯に衣《きぬ》着せぬ物言いが持ち味で、ほうぼうで誤解を生み、いらぬ反感も買った。「本人はああ言っているけれど、本当はあなたに感謝しているんですよ」。私はフォローして回った。マネジャーとしてなかなか有能だったと思う。

周囲の人から「丸さん、よく我慢してるね」と言われたが、長年、相手をしてきたミュージシャンにはわがままな人が多く、私には耐性があった。ため口でぼろくそに言われても腹が立たない。

「久夛良木の面倒をみるのはマライア・キャリー（アメリカの大物歌手）の面倒をみるのと同じですよ」。あるとき大賀さんにそう説明した。大賀さんはエンタメ業界のスターたちの並外れたわがままぶりをよく知っているから、「シゲ、面白いこと言うね」と大笑いしていた。

久夛良木さんがめざしたのは、ゲームセンターの高精細3次元ゲームを家で楽しめるようにすること。てっきり私はまずはセガとの戦いに勝って、いずれ任天堂との決勝戦に勝つのが目標だと思い込んでいた。しかし久夛良木さんは違った。「そのあとに米インテルとの勝負がある」。ゲームから半導体へとビジネスを切り開くビジョンがあった。これが事業の推進力になった。久夛良木さんの頭のなかでは未来の姿がありありと浮かんでいたのだろうと思う。

まさに熱い野心を秘めたベンチャーだ。プレステは親会社にやれと言われて始めたわけじゃない。当事者たちがどうしてもやりたくてやったのだ。こうじゃないと新規の事業などうまくいかない。ときには強引、乱暴な方法で親会社から予算をとってくる。行儀のいいベンチャーなんてありえないよね。

ＳＣＥ設立

任天堂への反発心

1993年、家庭用ゲーム機の会社ソニー・コンピュータエンタテインメント（ＳＣＥ）が設立された。本社は東京・青山にあり、私も毎日出かけ仕事をした。決めるべきことが山ほどあり、瞬間的な判断の連続だった。

ゲームはハード（機器）とソフトが両輪だ。ハードは久夛良木健さんに任せるとして、ソフトはどうするか。いいものを調達したい。まずはソフト会社を仲間に引き入れようと各社を行脚した。

家電系のメーカーがゲームソフトを確保しようと思ったら「とにかく10万本は買い取ります。お願いします」とソフト会社に頭を下げるのが、それまでの常識だった。ハードは自分でつくれるが、ソフトはつくれない。だからお金を積む。ソフト会社に経済的なリスクがない方式だ。かつてゲーム事業に挑戦したソニーもそうだった。

ナムコ創業者の中村雅哉氏が応援してくれた=共同

「そんなのあり得ない」というのが音楽ビジネスをやってきたソニーミュージック出身の私たちの考えだった。リスクを冒すつもりもなく、いいソフトができるはずがない。ソフト各社にそう訴えると、みんな仰天した。「お宅たちはいったい、何を言っているの。そんな条件じゃソフトはつくれない」。業界の歴史をわきまえない生意気な連中だと思われたに違いない。「普及していないゲーム機のためにソフトをつくってもこっちは利益が出せない。300万台くらい売ってから来てよ」。ゲーム会社からそんな声を浴びせられた。

そんななかで最も協力的だったのがナムコ（現バンダイナムコホールディングス）の創業者、中村雅哉さんだ。ナムコは「パックマン」という世界的なヒットソフトを持ち、ゲームセンターも経営する。3次元の最高級ゲームを家で楽しむことをめざす私たちにとって強力な援軍だ。

当時、ゲーム業界は任天堂を中心に回っていた。「ファミリーコンピュータ」をあれほどの存在にしたのはナムコの有力ソフトがあってこそという自負が中村さんにはあった。ところが任天堂にそういう認識はなく、中村さんは反発心を持っていたように思う。任天堂に立ち向かうSCEを応援しようという気持ちになったのかもしれない。

音楽ビジネスのノウハウを生かす

SCEが発足する前日、ソニーとナムコは提携すると発表した。ナムコはレーシングゲームや格闘ゲームを供給してくれた。これが呼び水となり、中小のソフト会社も仲間に加わるようになった。ゲーム機にとってソフトは、赤ん坊にとってのミルクのようなもの。ナムコのソフトがあったからこそ、私たちのゲーム事業はよちよち歩きながらも始動することができた。

ソフトを充実させようと95年、SCEは「ゲームやろうぜ！」というゲームクリエーターのオーディションを始めた。北海道発のハドソンというゲーム会社があり、北海道大学の出来のいい人材を入社させていると聞いたからだ。各地の大学に才能のあるクリエーターがきっと隠れている。そう考えた。

これを99年まで続けた。大物クリエーターが続々とはいかなかったが、慶應義塾大学湘南藤沢キャンパスの学生を中心にしたチームは成功例といえる。彼らのパズルゲームが大ヒットした。これが縁となり、後日、私は慶應の学園祭に呼ばれた。日本のインターネットの父と呼ばれる村井純教授らとのパネル討論に参加したのを思い出す。

ゲームクリエーターのオーディションは音楽ビジネスがヒントになっている。いいミュージシャンはときにオーディションで見つかるもの。この手法で成功したのがほかでもないソニーミュージックだ。同じようにゲームでも自分たちでクリエーターを発掘できれば、誰かに頭を下げたりお願いしたりせずに、いいソフトを確保できるのではないか、そんな発想だ。

ゲームビジネスを成長軌道に乗せるのに音楽ビジネスのノウハウが随所に生かされた。エレクトロニクス会社のソニーが単独で取り組んでいたなら、うまくいかなかっただろう。私はそう思っている。

プレステ発売

ハードは採算割れでいい

1994年12月、SCEは家庭用ゲーム機「プレイステーション（プレステ）」を発売した。発売日には店頭に行列ができ、用意した10万台が完売した。いいスタートを切れたが、ほぼ同時期に登場したゲーム機「セガサターン」とのつばぜり合いがすごかった。プレステは押され気味だった。

「いくぜ、100万台。」というキャッチコピーのテレビCMを流したのは95年の春だ。社内の販売目標をそのまま広告にした。そのくらい危機感が強かった。

幸いSCEはゲーム業界の主要プレーヤーとして居場所を確保できたが、事業の進め方は手探りだった。

プレステにつけた値段は3万9800円。コストを積み上げると5万円を超えるが、それでは多くの子供や若者の手に届かない。ハード（機器）だけなら赤字だが、ソフトのロイ

プレステ発売のパーティーで（左から3人目が筆者）

ヤルティー収入などでカバーすることにした。

当時のソニーにとってはかつてない決断だった。ソニーに「ハードは採算割れでいい」という考え方は一切なかった。売れる保証もないのに、いきなり10万台を出荷するのも前代未聞。「とにかく異例だ」。ソニー出身で財務に責任を持つ徳中暉久さんが追い詰められたような顔で言っていたのを思い出す。

新しい販売手法をつくる

ソニーの営業部隊はほかの製品とまったく同じように家電の流通網でプレステを販売しようとしたが、私たちは反対した。確かにプレステは電気製品だが、ソフトと組み合わさってこそ価値がある。それ相応の売り方があるはずだ。

とにかく任天堂とは違うやり方でビジネスをしようとの思いが私たちは強かった。例えば任天堂のファミコンのソフトはカセット式で、発注から完成まで3カ月くらいのリードタイムがある。そのソフトがヒットするかしないかはっきりしないなかで、販売店は発注量を決めざるを得ず、結果的に過剰在庫を抱えたり、ヒット作なのに在庫がなく機会損失を被ったりする。つまり、一種の博打だ。

一方でプレステのソフトはCD-ROM。リードタイムはせいぜい3〜4日。販売店はその時々で適正な量を注文すればいい。こういうプレステの利点を生かした新しい販売手法がつくれると考えたのだ。

もちろん家電販売ルートも使ったが、ハードだけではなくソフトも店頭に並べる販売店に限定した。玩具ルートでは、古い商慣習にとらわれず新しいことにトライしようという業者と取引した。

プレステ販売の戦略立案には陰の功労者がいる。CBS・ソニーの時代、太田裕美のデビューをともに手がけた白川隆三さんだ。プレステという新たな商品をどう売るべきか、販売シミュレーションをして基本プランをつくってくれた。この下敷きなしに私はプレステの営業を取り仕切れなかっただろう。プレステビジネスのストーリーが語られるとき、白川さんの名前は表に出てこないけれど、もしもゲームの神様がいたら「あれは白川のおかげだよ」ときっと言うと思う。

「ハードを開発した久夛良木さんもすごいが、あの営業の仕方がプレステを成功に導いたと思う」。コーエーテクモホールディングスの社長でゲームクリエーターとして有名な襟川陽一さん、会長で経営を担う襟川恵子さんからそう言われたときはうれしかった。確かに任天堂の全盛期に、それとはまったく違う新しいやり方を打ち立てた意義はあったかもしれない。

反省すべきこともある。プレステ本体とゲームソフトを値引きしないよう販売業者に求めた疑いがあるとして、SCEは公正取引委員会の立ち入り検査を受けた。私の部屋も調べられた。96年だ。

レコードや音楽CDは再販制度が適用され、定価販売がなされてきた商品。ゲーム機とソフトは再販制度の対象ではないが、ソニーミュージック出身の営業担当者はレコード販売の感覚を引きずっていたのかもしれない。お騒がせし、不徳の致すところである。

少し時間が飛ぶが、2005年のことだ。日本国際博覧会(愛知万博)に行くと、あるパビリオンに昭和以降の日本の家庭を年代別に再現した展示があった。90年代のところを見ると、茶の間にプレステが置いてある。あれは感動したなあ。SCE経営の現場を離れ、少し懐古趣味になっていたのだろうか。

レーベル米国流

日本に「特区」をつくる

ゲーム事業に追われていたが、音楽の仕事も放置していたわけではない。私なりに会社の役に立とうと思って動いていた。だが、華々しい成果が上がったとは言えない。

ソニーミュージックのなかにも小さいレーベルが数多く生まれていた。やっていることは悪くないのだが、あまり知名度がなく、応援が必要だと感じるレーベルもあった。だったらオレが後ろ盾になってやろうと思い、私が応援団になったレーベルがいくつかある。一応、私が会社に訴えれば、それ相応の予算も確保できる。

こちらとしては完全に善意でやっていることなのだが、当事者たちにすれば「余計なお世話だよ」だったと思う。残念ながら当時はそういう想像力が働かなかった。私に「それはやめておいたほうがいいですよ」とブレーキをかけてくれる者もいなかった。それぞれ覚悟を持ってレーベルを運営している連中の邪魔をしてしまったかもしれない。

ソニーミュージックのグループ会社としてアンティノスレコードを設立したのは1994年だった。

アメリカのアーティストはいわば個人事業主。契約のための弁護士や経理事務所を自前で雇う。マネジャーも同様に雇い、稼いだ分の何%かを払う。おのずと経費を無駄遣いせず合理的に振る舞おうという意識になる。

日本のアーティストはプロダクションに所属し、いわばサラリーマンだ。売れていなくても給料が出る半面、うんと売れたときも収入はさほど増えず、ブーブー文句を言う者も出てくる。だったら「経費を使ってやれ」となり、コンサートの舞台セットを意味なく豪華にしたりする。

そんなばかなことを続けていてはよくない。そう考えて立ち上げたのがアンティノスだ。アーティストを中心にすえ、そのサポートに徹する。日本のレコード会社はアーティストに対して上から目線の立場をとることがあるが、それではいけない。才能で食っているアーティストに対するリスペクトが土台になくちゃ。そんな思いで、日本にアメリカ的な「特区」をつくろうとした。

小室哲哉を貸し出す

結論から言うと、この精神を社内に浸透させられず、何年かあとにアンティノスは消滅した。ただ、この考え方を実践しうまくいったものもある。エイベックスへの小室哲哉の「貸し出し」だ。

小室がメンバーのTMネットワークはソニーミュージックのレーベルであるエピックの専属だった。その小室がダンスミュージックをやりたいと言い出した。しかしエピックのレーベルカラーはロック。エピック担当の社員は「ダンス系なんて軽薄」と否定的だった。ロックの生息地は下北沢や新宿で、Tシャツに Gパンのイメージ。対するダンスミュージックは六本木のディスコ、いまでいうクラブだ。ダンス系にはどこかダークな世界との結びつきがあるとのイメージもあっただろう。ロックとダンスミュージック。文化がまるで違っていた。

小室はダンスミュージックに積極的なエイベックスから一緒にやろうと声をかけられていた。ものをつくる人にはやりたいようにやらせたほうがいい。私はそう思い、小室がエピックに所属したまま、契約違反とならずにエイベックスで活動できる理屈を考えた。それが貸し出しだ。

ダンス音楽に手を広げた小室哲哉＝（株）ソニー・ミュージックレーベルズ 提供

私が小室のマネジャーとなり、彼がエイベックスで稼いだ分の何%かをエピックがいただく。アメリカ流のエージェント方式を日本で取り入れた第1号だ。小室の本籍地はエピックのままだが、現住所をエピックとエイベックスの2カ所にしたといえばいいだろうか。90年代に入った日本はバブル経済の余韻にひたり、イケイケの空気が漂っていた。若者たちが求めたのは反体制のロックではなく、楽しい消費や狂乱を象徴するダンスミュージックだった。

エイベックスは波に乗りヒット曲を連発する。小室がいてこその成功だと思い、エイベックスの株式10%をソニーミュージックに売るよう私は交渉した。買えたのは5%だが、98年にエイベックスが株式を店頭公開したとき、ソニーミュージックはまとまった資金を手に入れた。これの使い道は後述したい。

チャリティーコンサート

もう一つ思い出すのは95年の阪神大震災チャリティーコンサートだ。バンドのザ・モッズや元チェッカーズの藤井フミヤが言い出し、「丸さん、ほかのミュージシャンにも声をかけて」と頼まれた。

日本中が大きなショックを受けていた。一人ひとりが何かやらなければならないと切実に思っていたのだろう。コンサート会場に選んだ日本武道館は貸し出し費用をゼロにしてくれたし、照明など必要な機材を扱う業者も無料で提供してくれた。会場整備の要員もボランティアでお願いしたいと募集すると、大勢が協力してくれた。スタッフの弁当も大手コンビニチェーンの会社が無料で届けてくれた。そういうみんなのボランティア精神に支えられた結果、かかった費用はわずか30万円だったと記憶する。

3日間のコンサートではチケット代の収入により2億円が集まった。震災で被害を受けた学校に、失った楽器を買い直す費用にしてもらうことにした。

こうした取り組みを被災地のみなさんに説明したいと、私は神戸のラジオ番組に出演した。ラグビーの名選手だった平尾誠二さんがパーソナリティー。初対面だったけれど、日本のラグビーを強くするにはスポーツの世界にありがちな根性論ではいけない、という話でずいぶんと盛り上がった。

平尾さんがいた神戸製鋼は監督がいない時期があった。平尾さんは言った。

「ラグビーを遊びととらえたい。監督というのはいわば管理職で、監督がいるとラグビーが仕事になってしまう。人は管理する人がいるとサボりたくなるもの。でも遊びなら一生懸命にやる。真剣に遊べば、頭が切り替わる。そのほうがチームが強くなると思いませんか?」

面白いことを言うなあ。私の考えに近いと思ったのを覚えている。私が漠然と感じていたことを明確に言語化してくれたのが平尾さんだ。

米国事業

週に1回のペースで渡米

日本での販売が軌道に乗り出した1995年9月、アメリカでもプレステを売り始めた。アメリカでの販売はソニーのアメリカ法人に任せたが、これがどうもしっくりこない。カリフォルニア州に新設されたゲーム事業会社はこのアメリカ法人の傘下。雇われていたのも昔ながらのゲーム業界で経験を積んだベテランという人たちだった。だから日本でゲーム事業を取り仕切る私や久夛良木さんなどソニー・コンピュータエンタテインメントの考え方がうまく伝わらないのだ。

これはもう自分たちで何とかするほかない。96年1月、私はカリフォルニアのゲーム会社の会長を兼務することになった。そして宣言した。「毎週、アメリカに行くぞ」。現地の連中は本気だと思わなかったろうが、実行した。

週の前半は日本。月曜は音楽、火曜はゲーム、水曜は細々とした仕事をこなして夕方、成

（左から）平井さん、久夛良木さん、筆者

田をたつ。水曜の朝にサンフランシスコに着き、木曜、金曜と働く。土曜にサンフランシスコをたって日曜の夕方、成田に戻る――。そんな生活だ。結局、1月から8月までに合計24回、日米を往復することになる。

カリフォルニアのゲーム会社は社長が空席で、ソフト、営業、管理を担当する3人の幹部がいた。彼らにこちらの方針を伝え、進捗を聞くのが出張の目的だ。通訳はのちにソニー社長となる平井一夫さん。ソニーミュージックのニューヨーク事務所に駐在していたが、英語が堪能だと目をつけゲームの仕事に巻き込んだ。

私が出張すると、平井さんがサンフランシスコ空港に車で迎えに来る。昼飯を食べながら、平井さんから幹部たちの様子を聞き、私から3人に伝えたい内容を平井さんに話す。最低でも3時間くらいはしゃべる。幹部とのミーティングは翌朝だ。私の言いたいことはすでに平井さんが承知しているから私が一言二言話すと、平井さんの英語が15分くらい続く。そんな調子だった。

私の前では仲良くしているが、ふだんの3人は足の引っ張り合いだという。出世争いだ。私が日本から通ってにらみをきかせ続けるのにしびれを切らしたのか、ソフト担当の幹部が他社のスカウトを受け入れて会社を去った。内心、次のトップにと思っていた人物だ。といってほかの2人から選ぶのも違うと思い、彼らにも辞めてもらった。

あとを託したのは平井さんだ。いきなり社長は大変だと、まずはエグゼクティブ・バイス・プレジデントにした。私は引き続き出張するつもりでいたが、平井さんは「もう来ないでください」と言う。「丸さんが来ると、いちばんえらいのは丸さん、自分は2番目となり、自分に情報が集まらない」

たいしたやつだなと思った。すでに経営者の器をのぞかせていた。

平井さんにトップの役目を託して以降、私が何かを指示することはなかった。あれやれ、これやれと言ったりしない。繰り返し出張したとき、毎回、通訳を引き受けてくれた平井さんと綿密な作戦会議をやった。これが一種の個人教授となり、東京のプレステ部隊が考えていることが平井さんの頭のなかにぎっしり詰め込まれていたと思う。あとは放っておいても大丈夫。これを土台に平井さんが少しアレンジして経営してくれればいいのだ。
実際、平井さんのもとでアメリカの売り上げは上向き、人材が育った。

柔構造の組織

平井さんがソニー本体の社長を引き受けたとき、ソニーの経営は「ボトム（底）」と言ってもいい状況だったと思う。そういう最悪期だからこそ、一種の創業者のような気持ちでゼロから会社をつくり直せたのかもしれない。当初はエレクトロニクス事業の経験のない平井さんが巨大なソニーを変革できるわけがないと世間はひどい言い方をし、私自身も「社長なんて引き受けないほうがいいぞ」と思っていたが、平井さんは結果を出した。

いまソニーは勢いのある事業展開ができている。平井さんのあとを引き継いで社長となった吉田憲一郎さんたちがもっぱら拍手を浴びているが、平井社長の時代があってこそだろう。そういう気がする。平井さんはソニーミュージックという「辺境」からソニー本体に乗り込んでいってエンタメを主軸とする業態に変えたと思う。東芝や三菱電機、パナソニックといったよそのエレクトロニクス会社に比べればソニーは柔軟だった、柔構造だったということもあるかもしれない。

私がイメージするグローバル企業の定義がある。売り上げの50%以上をアメリカで稼ぐのが条件。グローバル企業とはすなわち、アメリカ企業と言い換えてもいいと思う。当然、アメリカ人かアメリカ人的な人がアメリカで舵取りする。

そういう私の定義に従えば、日本にグローバル企業はどれほどあるだろうか。日本から世界に向けて製品を送り出す「輸出企業」として大成した例は結構ある。そういう会社は日本人がオペレーションしてもいいが、グローバル企業とは呼べない。

平井さんがアメリカで土台を築いたソニーのゲーム事業は本社も日本からアメリカに移り、グローバル経営と呼んでいいと思う。

平井さんは日本のSCEを経験せず、まずは素人としてゲーム事業に関わった。アメリカにとって何が最善かをピュアに考え実行した。日本の論理に染まっていたら、きっとうまくいかなかった。

そういえばソニー創業者の盛田昭夫さんはニューヨークに住んでいた。英語もしゃべっていた。アメリカ人になろうとしていたのかもしれない。

ナンバーツー

後輩にバトンを渡す

1992年、ソニーミュージックには2000億円近い手元資金があったと思う。上場などの結果だ。何に使うかアナリストや記者から盛んに聞かれた。そんなあるとき、副社長である私のところに経営企画室から指令がきた。投資計画を策定せよ――。

お金の使い方としてひねり出したもののひとつにドラマ制作がある。「エリアコードドラマ」と称し、電話の市外局番ごとに地域を区切り、各地の放送局と組んでドラマをつくる。地方からヒットを生もうと主題歌も用意した。役者の一部は各地でオーディションをして選んだ。沖縄で仲間由紀恵さんを見いだしたのは収穫だったが、あとはこれといった成果がなかった。

野放図にお金を使い、経営企画室から「リターンがありませんね」と冷たく指摘された。「えー利益を出さなきゃいけないの？　それは言われてないよ」などと私は天真爛漫《てんしんらんまん》を装

沖縄でのドラマ制作で仲間由紀恵さんを見いだした=
（株）ソニー・ミュージックレーベルズ提供

っていた。もちろん利益が必要なのは百も承知。いろいろやったが結果を出せなかったのだ。

振り返れば、ずっとむちゃなことをしてきた。長くナンバーツーだったからだと思う。ソニーミュージックやソニー・コンピュータエンタテインメントでつとめたのは副社長や副会長。立場をわきまえた言動を求められるナンバーワンと違いポジショントークはいらない。本音を語ってもだいたい許される。これが気に入っていた。

一方で、このままではまずいとの思いも膨らんでいた。CBS・ソニーレコードの一期生の多くがあちこちの部門のトップにいた。トップを退いたあと70歳近くまでいられる内規もある。私を含め自由で楽しい生活を謳歌しすぎではないか。後輩たちの人生も考えなければならない。

そんな考えから、96年7月にソニーミュージックの子会社として、SME・アクセルという研究所をつくってもらった。一期生ら古株を移籍させ、若い世代にバトンを渡すのがねらいだ。東京・紀尾井町のビルに場所を借り、10人ほどが移った。私もそのひとり。給料は据え置きで交際費も使える。個室があり、秘書もつく。

だから完全な引退ではない。私はみんなに新しいことを考えて始めるよう求めた。音楽やゲーム、出版、映像といった仕事に携わってきた面々だ。「自分だったらこうやる」という具合に、何かやりたいことがあるはず。ところが……。

わかったのはみんなそれまでやってきたルーチンワークが大好きだということ。新しいことを考えるのは不得手だった。研究所に膠着ムードが漂う。こんなことを考えた丸山が悪い。そんな雰囲気になった。

トップに指名

副がつく肩書を好む私はトップに立つなどという野心は一切なかった。高校では勉強熱心とは言えず、ソニーミュージックでも非主流の分野を歩いた。ルールからはみ出し、解き放たれた状況こそが心地いい。

そこそこ目立つ存在ではあったから、ソニーミュージックの社長候補の一人として名前が挙がることもあった。その煩わしさから逃れたいというのが、SME・アクセルをつくり自分も移籍した理由のひとつだ。

そんな私がソニーミュージックの社長に指名された。助走として97年10月に副会長になった。それにしても、財務や管理を知らず、経営者リテラシーがまるでない私がどうして社長？　だが大賀典雄さん、小澤敏雄さんという歴代トップに命じられたら断れない。よし、だったら短期間でやりたいことをやっつけて、次の人にバトンを渡すとしよう。

社長業

自分らしからぬ方法

私は1998年2月、ソニーミュージックの社長になった。このとき56歳。実現したいことが3つあった。

まず、役員でも60歳になったらグループ企業を含むすべての仕事から完全に退くよう内規を改めること。役職にもよるが、それまで定年は60歳よりかなり上だった。もっと長くいるはずだった人たちにその分の報酬を支払い、退場してもらった。原資はエイベックス株の売却益だ。そう、ダンスミュージックをやりたいという小室哲哉をエイベックスに貸し出したときに手に入れた株式を役立てた。エイベックスはソニーミュージックに安定株主の役割を期待していただろうが、私はさっさと一部を売った。

この内規の変更によって社内は一気に若返った。若い世代の人たちが大事なポジションに登用されたのは間違いない。

次に外部のプロデューサーの起用だ。才能のある連中を広く集めて音楽をつくる時代が来ると考えた。ミスターチルドレンを手がけた小林武史さん、相川七瀬を見いだした織田哲郎さん、作家としても活躍した辻仁成さんという顔ぶれ。小室さんともプロデューサーとして契約した。それぞれの力量を生かして、好きなようにやってという気持ちだった。

3つ目が社員へのボーナス支給。ソニーミュージックが5割出資するソニー・コンピュータエンタテインメントはプレステの販売が好調で、空前の連結利益をたたき出していた。目に見える形で社員に還元したかった。

一方、肝心要のヒット曲の創出という点ではぱっとしなかった。なぜか。思い当たることがあるとすれば会社の変質だ。エピック・ソニーで若い部下とわいわい働いていたころの姿が私にとってのソニーミュージックだったが、プレステの仕事をしている間に、ともに楽しい時間を過ごした人材が雲散霧消していた。

「じゃあ、お金を使ってヒットを生もう」。いま思えば自分らしからぬ方法なのだが、宣伝に大金をつぎこんだ。当時、音楽のテレビCMはエイベックス一色だった。ソニーミュージックの広告をガンガン流して打ち消そうとした。広告費が名だたる自動車メーカーと肩を並べるくらいまで膨らみ、国内の大手広告主ランキングで上位に入ったように思う。

若手社員の一言で退任を決意

経費の使いすぎで99年3月期、ソニーミュージックは単独決算で営業赤字に陥る。プレステのおかげで連結では黒字だ。プレステがこれほど大当たりしているのだから文句あるか。私はどこかで天狗にもなっていたかもしれない。もちろん音楽は赤字でいいという話にはならない。次の期、私は急ブレーキを踏んで予算をぐんと絞った。

まともにリーダーシップをとったことのない社長によるプランAからプランBへの突然の変更。多くの社員が「はあ?」と感じたに違いない。

そんなあるとき、ソニーが開発中の製品を関係者に内覧する会が東京・品川で開かれた。私はソニーミュージックの若い社員を連れて出かけた。道中、彼に尋ねた。「最近のオレの経営はどうだ?」。返ってきた答えが心に突き刺さった。「ちょっとわかりにくいですね」

社長を辞めると決め、2000年11月末に退いた。

そもそも長い期間やるつもりはなかったが、任期途中の退任にいろいろ噂が飛び交った。赤字の責任をとれとソニーから迫られたとの説もあったが、もしそうなら「プレステでもうけているのに文句あるか」と突っぱねていたろう。真相は若手社員の一言だ。引き際としてそのほうが格好よくもある。そうでしょう?

実は「苦しいな」と思っていた社長時代

自分は運がいい人間だと思っていたが、社長時代はうまくいったものを一つも思い出せない。「調子出ねーなー」の2年10カ月。苦しかった。

丸山学校

社内起業というスタイル

ソニーミュージックの社長は退いたが、その後の1年半、取締役には残った。力を注いだのが「丸山学校」の運営だ。新たなレーベルを立ち上げられるような人材を社内で育てたいと思った。

ソニーミュージックは大企業になり、社員も自分が担当する「部分」はわかっても、会社の「全体」を知る機会は少ない。丸山学校ではアーティストとの契約や著作権の管理、経理、財務などを一通り教えた。

選抜した中堅社員を対象に週1回、朝から晩まで授業する。各部門の専門家を引っ張ってきて先生にした。そうすれば教える側も考えが整理されて、成長する。校長の私はベンチャーの話をした。カリキュラムは1年。2年間で50人ほどが「卒業」した。

こうしておけば、急に新しい企画を思いついたとき、会社のどこに駆け込めばいいかわかる。あ、あの授業で聞いたな、あそこの部門に行けばいい、と。そんなノウハウを授けるのが重要だと考えた。

新しい会社の創出は日本にとって大事なテーマだが、この国の場合、社内起業というスタイルがいいと思う。大企業がファンドをつくり外部のスタートアップに出資しているが、おっかなびっくりではないのか。それより、能力や人柄がよくわかる自社の社員の創意工夫に賭けるほうが合理的だろう。

校長としてベンチャーについて教えた

社員から企画を募り、これはというものを別会社として独立させ、資金も出す。うまくいきそうなら発案者の社員にきちんと株を持たせインセンティブを与える。企画の募集は継続的に、粘り強く実施するのが大事だ。日本中の会社がお金をため込んでいる。若い連中にどんどん出せばいい。

きっとMBA（経営学修士）とか四半期決算とかの弊害だろうと思う。長期目線での経営というのは流行らないよね、というムードが強い。目先の利益がどうのこうのという短期思考ではなく、ロングスパンで物事を考えるような経営をするにはどうしたらいいのか。小さい会社でいいから若い人に「全部任せるからやってみろ」と言えば、長期思考の人材ができる。

「創業者」という立場に立つ

私自身、ソニーというグループのなかで子会社の経営をやらせてもらい、結果としてロングスパンでの取り組みができたと思う。だからこそ面白い人生にもなった。経営学を身につけているとか、技術的な知識が豊富だとか、そういうこととは関係なく、「創業者」という立場に立つことが、今日明日のことを心配してきゅうきゅうとするのではなく、10年とか20年とか、ずっと先のことを考える人材を育てるのだと思う。

会社というのは放っておくと変化しなくなる。新しいことに挑戦しなくなる。新しいことを始めるなら別会社にするのがいちばんいい。いまある会社のなかで古い発想の人間を説得するのはエネルギーがいるし、無駄だ。さっさと別会社にして、親会社とは違うこと、違う戦略を考えてやればひとつの形になる。そうでもしなければ新しいことはなかなかできない。

これはソニーの歴史を振り返ってみてもはっきりしている。CBS・ソニー、エピック・ソニー、ソニー・コンピュータエンタテインメント（SCE）、アニメ事業のアニプレックス、インターネット事業のソニーネットワークコミュニケーションズ（ソネット）。どれも母体である会社から切り離し、人材を外に飛び出させて成功した例だ。コンテンツ系に限らず、グループの金融会社もそうではないか。ソニー生命保険やソニー銀行などは、ソニー本体からはちょっと距離のある場所にいて個性を放っているように見える。

突き詰めて言えば、会社というのは結局、創業者か、事実上の創業者として会社をつくり直す中興の祖のものだと思う。私は起業家ではなくサラリーマンだけれど、エピックやSCEでは「創業者気分」を味わった。それが面白いことを追求する原動力になっていたと感じる。これは会社にとってもいいことだと思う。会社のことをとことん考え、価値を見いだそうとするからだ。大組織のなかでサラリーマンが競争して、決勝戦に勝った者が社長になる。そういうのは不毛だし、クリエーティブじゃない。

起業家が足りない日本

時間は遡るが、私が社長をしていた2000年、ソニーミュージックはソニーの完全子会社になった。すでにソニーが70%の株式を握る子会社だった。ソニーとの内部取引に頼るわけでもなく、経営は自立して十分に成り立っていた。さらに株を100%まで買い足して「ソニーが上でソニーミュージックは下だぞ」と明示する行為にいったい何の意味があったのか。

家庭用ゲーム機の「プレイステーション」もソニーとは違うカルチャーのソニーミュージックがあったからこそ実現したはずだ。そういう会社を一緒くたにしてどうする。私は完全子会社化に反対だったが、組織としての決定事項であり、覆せなかった。

もちろん、ソニーのブランドや資本力があってこそ、私の仕事が成立していたのは紛れもない事実。そこはわきまえている。それでもやはり、子会社、孫会社をどんどんつくって繁栄することを日本の産業界はもっと真剣に考えたほうがいい。日本では子会社がうまくいくと、親会社が吸収してしまうというパターンが結構あるが、そうではなく、子会社が育ち始めたのなら、そのまま大きくしていったほうがいいんじゃないか。私にはそういう気持ちが強くある。だから、自分が社長だったときにソニーミュージックの100%子会社化というソニーの介入を許したことに、いまでも忸怩《じくじ》たる思いがある。

長らく日本の産業界が停滞しているのも、多くの経営者が前例踏襲、ひとまず対前年の成績を上げればよしとするような経営をしてきた結果ではないか。大雑把に表現すれば、社長の仕事が経費カットをして利益を出すことになっている。この何十年かで日本は、経費カットで利益を出す土壌の国になったと私は思う。日本にはアントレプレナー、起業家が足りない。

さて、取締役の任期が終わり、34年におよぶソニーミュージック時代に別れを告げたあと、どうするか。完全引退には早い。選択肢はふたつだ。ゲームか音楽か。ゲームは産業構造が複雑・巨大化し、個人が手がけるのには向かない。ならば進む道は音楽となる。「よしオッケー、視察に行くぞ」。02年6月、ソニーミュージックの株主総会の翌日、私は空路、沖縄へと向かった。

「に・よん・なな」

ミュージシャンに寄り添う仕事

音楽ビジネスは本来、レコード会社ではなく、ミュージシャンとそのサポートをするマネジャーが主役だ。川でいえば彼らが最上流にいて、その流れを大きくするのがレコード会社。そういう、ミュージシャンに寄り添う仕事がしたいと考えた。

じゃあ、どこでミュージシャンを探すか。思いついたのが沖縄だ。その昔、母と船の旅をし寄港したくらいで特別な縁はない。東京でミュージシャンを物色すれば、かつての仲間や後輩とぶつかる。その点、当時の沖縄は音楽では目立たない場所だった。

視察で訪れた沖縄では県庁のそばにホテルをとった。近所の広場に出ると、初夏の日差しが強い。昼の12時なのに誰も歩いていない。地下鉄は見当たらず、暑いなかバスを待つのもきつい。どこへ行くにも車がいるな。まず思ったのはそれだ。

私はその場でタクシーを拾うと自動車教習所に向かった。運転免許を持っていなかったのだ。東京と沖縄を往復し、10日間ずつ滞在する生活が始まった。沖縄にいるときは、昼は教習所、夜はライブハウスで過ごした。

半年後に免許をとり、車も買った。ところがある日、とろとろと車を走らせていると急に脱輪した。右目に緑内障があるとわかった。視野が狭くなっていて危ないと運転はすぐやめた。買った車の走行距離は80キロメートル。相当ぜいたくな免許取得になった。

考えてみれば沖縄のタクシーは高くなく、ふだんの移動はタクシーでいい。長い距離のときはアルバイトを雇

新会社はまず沖縄に照準を定めた（手前が筆者）=日本経済新聞社提供

って運転してもらうことにした。

計算違いで沖縄から撤退

2003年、に・よん・なな・みゅーじっくという名前の会社を立ち上げた。日本の音楽ビジネスは青山通り（国道246号線の一部）が中心地といえる。そこから一本外れた裏の通りということで247。1日24時間、週7日、音楽をやりますよ、という意味もある。

活動を本格化するため沖縄にマンションを借りた。ミュージシャンに使ってもらう音楽スタジオもつくった。どうせなら質の高いものにしたい。東京の結構いいスタジオが閉鎖するというので、その機材を買い取り沖縄に運んだ。

海風が強い土地だ。機材を傷めてはまずいとスタジオは重装備になった。そのうえ暑いから常時の完全空調。かなり電気代がかかった。

いいスタジオがあるからみんなおいでよ。そうやってミュージシャンを集めようとしたが、見つけられなかった。

なぜか。ちょうどそのころ、モンゴル800（モンパチ）という沖縄のバンドが売れ始めた。突如、沖縄は日本中の音楽関係者が注目する場所になった。知り合いと顔を合わせるのが嫌だから沖縄に来たのに、東京並みに出くわすようになった。競争としては最悪と言っていい展開だ。

その後、ＨＹやオレンジレンジといった人気グループが出てきたが、私は彼らとつながりを持つことができなかった。

あのころの私は音楽に対する感覚が鈍っていたように思う。さらに言えば、沖縄という街に溶け込めなかった。自分はいろんなところにスーッと入っていくのがうまいほうだと考えていたが、沖縄はむずかしかった。この土地の文化や歴史のせいだろうか。

計算通りにいかず、どうやらここでの仕事をあきらめざるを得ない。沖縄撤退、東京への帰還だ。

ネットと音楽

配信サイトをスタート

沖縄から東京に戻った私はインターネットに注目した。沖縄ではアナログにやろうと思ったがうまくいかなかった。今度は思い切ってデジタルにふっちゃえと。このころ日本の音楽業界はネットに本腰を入れていなかった。というよりアンチ・ネット。CDが売れなくなると訴える抵抗勢力が多く、携帯電話の「着うた」レベルにとどまっていた。だが、どう考えてもネットの潮流は本物だ。ぼんやりしてはいられない。

2005年12月、私は配信サイトの「mF247」をスタートさせた。アーティストが自ら楽曲を配信し、リスナーがダウンロードして聴く。

アーティストは自分がつくった楽曲をまずは一人でも多くの人に聴いてほしいと思うもの。原初的な欲求だ。だから楽曲を「情報」と位置づけ無料で配信してもいいし、「作品」として売る自信があるなら有料で流してもいい。両方ともできる仕組みにして、どちらを選

音楽配信について発表する筆者（右から2人目）

ぶか判断はアーティストに任せた。

日本は著作権管理にうるさい国だ。問題にならないよう日本音楽著作権協会（JASRAC）にも確認し、アーティスト自身が納得のうえ自分のサイトからmF247に投稿するなら問題はないとの言質をとった。大勢のアマチュアが自作の楽曲を無料でどんどん公開した。

なかなかいいアイデアでしょ。ネットかいわいのみなさんも褒めてくれた。さすが丸さんと絶賛、拍手喝采だ。

名だたる経営者が面白がって協力してくれた。パシフィック・センチュリー・グループのリチャード・リーさん、インターネットイニシアティブ（IIJ）の鈴木幸一さん、カルチュア・コンビニエンス・クラブ（CCC）の増田宗昭さん、リーマン・ブラザーズ証券にいた桂木明夫さん。個人あるいは会社として資金の出し手になった。

行き詰まったビジネスモデル

だが、私はネットの素人だった。音楽と違ってIT（情報技術）のことはわからない。iPodを大ヒットさせた米アップルのスティーブ・ジョブズさんのように、プログラミングを引き受けてくれる優秀なエンジニアがそばにいるわけでもない。システムの更新に追われ、バージョンアップのため日々金庫からお金が出ていくと知って仰天した。それに見合うような収入は、ない。

ガツガツ金もうけの話をするとネットの世界では評判が悪くなるという。となると穏当なのは広告で収益を上げるビジネスモデルだろうと思い手を打ったが、結局、行き詰まった。出費が先行し、黒字にならない。不安で夜も眠れない、とまではいかないが、明け方、早い時間に目が覚めた。かつてない経験だった。

最大の逆風は、あるシリコンバレー企業の台頭だ。知人にこう言われた。「丸さんと似たことをユーチューブという会社が映像つきでやっていますよ」。このサービスはmF247と同じころに始まり、06年には米グーグルの傘下に入って急成長していた。

ユーチューブはエンターテインメントの未来を示すようで、若者たちが飛びついた。私のサイトはかすんで見える。ヨーロッパのファンドからの出資という明るい材料もあったが、苦戦が続く。

そんなある日のこと。レストランで会食中、急にシャンパンが飲み込めなくなった。そのときはやり過ごしたが、やがて食事が困難になった。検査を受けた。

食道にがんがあるとわかった。かなり進行している。余命3カ月。それが医師の見立てだ。すぐに手術かと思ったが、転移していて手術はむずかしいという。

66歳。考えてみれば面白いことが多く、悪くない人生だった。仕方がないか。それにしてもビジネスの先行きが見えないこの時期に命が尽きる?　ちょっとまいったな。

がん治療

ジタバタしない

がん治療のため私は静岡がんセンターに入院した。2007年のクリスマスの夜、治療は始まった。

きつい治療で1カ月、2カ月と苦しむのではなく、気分よく人生を終わりたい。医師はフルの標準治療を勧めたが、副作用が強い抗がん剤をあまりたくさんは使わず、標準的な治療の7割くらいに抑えた。ジタバタしたくない。

がんセンターは富士山の麓、風光明媚《めいび》で気持ちのいい場所にある。付属するホスピスもとても感じがよく、最末期になったらそこに入りたいと思った。マックス・ウェーバーに山崎正和。社会主義や哲学、美学の本をかなり読んだ。かつて難解と感じた内容が、すらすら頭に入る気がした。

やがて食事ができるようになった。点滴を外せれば、散歩や外出も可能だ。朝になるとシヤツとジーパンに着替え、歩き回った。

08年2月に退院し、翌3月に検査すると食道のがんがきれいになくなっていた。リンパ節に転移したがんも縮小した。医師は抗がん剤で一気にやっつけようと主張したが、やはり副作用が嫌だと私は抵抗した。

入院中から私の目標は「焼き肉を食う」だった。食事がのどを通るようになればもう十分。何かあっても問題にしないと一筆書くと訴え、医師を説得した。「丸山さんの好きなようにやりましょう」。最後は医師も折れた。

「丸山ワクチン」で治療

実は病院での治療の傍ら、父が開発した「丸山ワクチン」を注射していた。医師には内緒だ。仮に相談したとしても医師は困っただろう。がんの治療法として正式には認められていないからだ。あくまでも私個人の責任に基づく勝手な行為だ。

あるとき、私は医師に尋ねた。「先生、丸山ワクチンって知ってます？　私が開発者の息子だということは？」。答えは「噂では聞いています」。私は父が書いた論文を手渡した。「お時間のあるときに読んでください」

その後も私の体調は安定し、余命とされた3カ月もとうに過ぎた。08年の秋、医師に聞か

丸山ワクチンを開発した父・千里

れた。「ここまで来ました。丸山ワクチンをおやりになっているのでしょう?」。私は答えた。「ノーコメント」。医師はニヤリと笑った。それでおしまい。

もともと丸山ワクチンは皮膚結核の薬だが、がんにも効くのではないかと研究を続けているうちに、患者が注目するようになる。そこでがん治療薬として国の認可を求めたが、1981年、申請は受け入れられなかった。父が厚生省（現厚生労働省）と距離を置くアウトサイダーだったからだろう。

不公正だと父は怒っていたはずだが、そんな感情を表に出すことはあまりなかった。目の前の患者を治し、喜ばせることに打ち込んだ。

丸山ワクチンは有償治験薬という特別な扱いが続く。製薬会社がワクチンを製造する費用を患者が負担するのだ。いま改めて認可の取得を試みようかという状況にある。

私の体調はといえば、07年に発見されたがんは転移した分を含めて翌年中には消えた。その3年後、リンパ節に新しいがんが見つかって入院し、放射線で治療した。

丁寧に検査してがんがあれば内視鏡手術でとる、というのを何回か経験した。最後の手術は23年1月。半年ごとに検査を受けている。もちろんいまも丸山ワクチンを打ち続けている。

会社清算

真のイノベーター

松下幸之助さん、盛田昭夫さん、本田宗一郎さんといった戦後第一世代の経営者を除いて、私が「イノベーター」として評価する人が3人いる。まずはソフトバンクグループの孫正義さん。孫さんがいなければＩＴの領域で貪欲に成長をめざすという流れが日本に根づかなかったかもしれない。そしてリクルートを創業した江副浩正さん。重厚長大の産業が支配的な地位を持つ日本でサービス産業の新ジャンルを切り開いたと思う。

もう一人がサッカーのＪリーグで初代チェアマンをつとめた川淵三郎さんだ。日本では「スポーツはアマチュアのもの」という意識が根強くあったが、川淵さんがこれをぶっ壊した。日本のスポーツ界には、意味なくＯＢがいばる、先輩が後輩に暴力を振るうといった暗く息苦しい空気があったが、Ｊリーグ以降、このムードも変わったように感じる。各チームと地域のサポーターを結びつけた手腕も尊敬に値する。

「に・よん・なな」は苦戦が続いた

1990年ごろ、Jリーグの立ち上げに奔走する川淵さんを見て、一生懸命にやっているなと感心してはいたが、まさか、その後、Jリーグがここまで発展するとは予想していなかった。おそらくJリーグのモデルはプロバスケットボールやプロ野球にも影響を与えていると思う。川淵さんのような人を真のイノベーターと呼ぶのではないだろうか。

チャレンジは不発に

さて、私である。話を私の会社、に・よん・な・みゅーじっくに戻そう。がんと診断されたとき、リチャード・リーさんをはじめとする出資者のみなさんに病院から電話で連絡した。「というわけで仕事を続けられなくなりました」

私は会社を閉じるつもりだったが、一緒にビジネスをしてきた仲間である宇佐美友章さんが「このまま続けたい」と言う。できる範囲で続けてみることにした。

運営する音楽配信サイト「mＦ２４７」の問題はシステムを維持するコストの高さ。事業を継続するなら、やり方を変える必要がある。それまではユーザーからの投稿を待ち構えるスタイルを主軸にしていた。そうではなく、こちらから積極的にアーティストを発掘しシステムをどんどん活用する方向へと転換した。

だが、それでもうまくいかなかった。２００８年、サービスを停止し、会社を丸ごと売りに出すことにした。

狭い業界だ。会社売却の話が、インターネットサービスの会社ドワンゴを創業した川上量生さんの耳に届いた。ドワンゴの「ニコニコ動画」は会員が増え、調子がよかった。会社の売買ではなく、協業する話がまとまった。

川上さんと関係が深いひろゆき（西村博之）さんと共同運営する形で、09年にサイトをリニューアルオープンした。ＩＴリテラシーを欠く私は余計な存在だと考え、経営には関与しないことにした。

残念ながら、この再チャレンジも不発に終わる。会社は軌道に乗らず、ついにたたむ以外の選択肢がなくなった。むろん後始末は私の仕事だ。幸い倒産は回避し出資者、債権者に問題が生じないよう清算できた。13年のことだ。

ソニーのグループという大企業につとめてやりたい放題やったあげく、人様に迷惑をおかけするような結末だけは避けたかった。そうならずにすんだのがせめてもの救いだ。会社の設立からちょうど10年が経過していた。

これから会社を始めようというとき、失敗したらどう終わらせるかまで想定している人は少ないだろうと思う。私も成功するつもりで、大々的に十数人の社員を雇ってスタートした。独立して会社をやることの怖さを60歳を過ぎてからの挑戦で学んだわけだ。

不得意な役柄を演じてはいけない

繰り返し書いてきたように、私自身はクリエーターではなく、クリエーターの横にいて仕事をしてきた人間だ。クリエーターは何かをとことん突き詰めているけれど、私は何も突き詰めていない。何事も運に恵まれてこなすことができたという気持ちがある。

黒子役こそ自分のスタイルだと身に染みてわかっているはずなのに、ソニーミュージックの社長になったとき、に・よん・ななを創業したときには、柄にもなく主人公になってしまった。みんなからすごいと持ち上げられ、自分でも「そうかもな」という気分になっていた。

不得意な役柄を演じてはいけないものだ。ストレスのせいで免疫力が落ち、病気にもなったのに違いない。幸い父が開発したワクチンの助けや進歩した治療法のおかげでがんからは回復したが、自分らしくないことをすると心身にずいぶん負荷がかかると改めて知った。

ストレスをためないためには、自分が得意な働き方をするのがいちばんだ。「誰かを手伝う」という本来の仕事に回帰しよう。サイト運営から身を引いた私は10年、個人の立場でエンターテインメント系のコンサルティングを開始していた。これなら社員に対する責任も生じず、必要があればその都度、契約やアルバイトで手伝ってもらえばいい。

そして私はKポップを日本に浸透させる仕事に巡り合った。

Kポップ

ハイヒールを履いたアスリートたち

私がKポップの仕事を始めたのは2010年だ。Kポップの元祖といえるイ・スマンさんが創業した韓国の会社SMエンタテインメントから、向こうのアーティストの魅力を日本に伝える宣伝プロデューサーの役目を頼まれた。韓国アーティストの制作・宣伝プロデュースで日本の第一人者である土屋望さんと手を組んだ。

多くのアーティストと関わったが、きちっと取り組んだグループはふたつ。女性9人の少女時代と、男性5人のSHINee（シャイニー）だ。とくに少女時代との出会いは鮮明に覚えている。

10年2月26日の朝、私は羽田空港にいた。ソウルに行き、少女時代のコンサートを見るためだ。バンクーバー五輪が開催中で、ロビーのテレビは女子フィギュアスケートの様子を放送していた。

少女時代のメンバーと筆者（中央）

日本の浅田真央選手もいい演技をしたが、韓国のキム・ヨナ選手はそれを上回る高得点で金メダルをとった。すごいアスリートだなと思った。

その日の夕方のソウル。ステージに立つ少女時代を見て私は衝撃を受けた。「キム・ヨナが9人いるぞ」。彼女たちの踊りは日本のアイドルのようにふわふわしていない。運動量が半端じゃない。

Kポップの楽曲は韓国人ではなく、アメリカやヨーロッパの作詞家、作曲家が手がける。そうしてできたサウンドに乗り、「ハイヒールを履いたアスリートたち」が躍動していた。かつて目にしたことのない光景だった。

それまで韓国の音楽は日本でいう歌謡曲の時代が続き、世界的な存在感はなかった。ところがKポップは時計の針を一気に進め、まったく新しい世界を切り開いた。

最初からアメリカ市場を見すえる

Kポップの人たちと仕事をして感じるのは、ビジネスの仕方が考え抜かれているということだ。簡単に言うと、グローバル化を前提にしている。韓国の人口はざっと日本の半分。外国マーケットを意識しないと大きなビジネスが成り立たない。

すでに私なりのグローバル経営の定義は書いた。アメリカでの成功が必須条件という中身だが、Kポップはそれにぴたりと当てはまる。韓国から大量の人材をアメリカに送り出し、音楽ビジネスを学ぶ。それを持ち帰って新しいビジネスを立ち上げている。

韓国はインターネットの波にも飛び乗った。ミュージックビデオなど完成度の高いコンテンツをつくり、印税とか著作権とか面倒なことを言わず、無料かそれに近い格安で惜しみなく発信した。東南アジアや中国にどんどん提供して市場を席巻した。

ビジネス手法を次々とバージョンアップするのが韓国エンターテインメントの強さだと思う。その積み重ねからSMエンタテインメントのような芸能事務所が育ったり、人気グループ、BTS（防弾少年団）が生まれてきたりする。BTSもはなから韓国ではなくアメリカの市場を見すえていた。

これを間近で学べるのが、Kポップの仕事をする最大の楽しさだ。

「このまんまじゃまずいぞ」

日本の音楽業界はどうだろうか。インターネットひとつとってみても、ずっと活用に後ろ向きだった。世界の流れから取り残され、いまに至っている。地球儀をぐるりと回すようなダイナミックさがインターネット時代の面白さであるはずではないか。

日本のアニメは世界で支持されているコンテンツだという意見があるかもしれないが、これもグローバルというのとはちょっと違う気がする。1800年代の終わりごろ、セザンヌやゴッホといった西洋の画家たちが日本の浮世絵などに強い影響を受けた。ジャポニズムだ。でもこれは日本のコンテンツのグローバル化というより、「特殊なもの」として存在感を発揮していた感じではないか。これと似た雰囲気がいまの日本のアニメにはある。もしも本当にグローバルをめざすなら、アメリカ人に資金をわたしてアニメをつくらないとダメだと思う。

だから、のんびりしているエンタメ関係者に会うと、厳しい言葉が口をついて出る。いい年をしたジジイがいきり立つのはみっともないなとは思いつつ……。おい、このまんまじゃまずいぞ、と。

みんなのおかげ

若い世代を大事に

早稲田大学や日本代表のラグビーチームを率いた名監督、大西鐵之祐さんが自著に「判断」と「決断」の違いについて書いている。いろいろなデータをもとに答えを出すのが判断、えいやっと直感で下すのが決断だという。

ソニー社長だった大賀典雄さんも、いつかぼそっと言っていた。「鼻がきかないやつは何をやらせてもだめなんだよな」。ビジネスでも勘がものをいう局面が結構ある。

そもそも面白そうな新しいことにはデータがない。私は誰もやっていなくて、すいている領域を選んでビジネスをしてきた。過去の実績のようなデータはないから、始めるときに賛同は得にくい。

それでも一緒にやろうという若い連中がいつもいた。「やつらなら、やるかもしれない」。私は彼らに賭けてきた。私なりに鼻をきかせての決断だ。ラッキーなことに成果に結びつくことが多かった。

人間、面白いことを始めるのは20代、30代まで――。人生を振り返っての実感だ。アーティストでも学者でも、のめり込む対象は若いころに見つけている。

ソニーのキーマンたちもそうだ。創業時の井深大さん、盛田昭夫さん。CBS・ソニーレコード(現ソニーミュージック)を始めた大賀さん。ゲームと関わり出した久夛良木さん。アメリカでゲーム事業に出合った平井さん。みんな20代、30代だった。

私は37歳でエピック・ソニーの経営に携わり、人生で初めて一生懸命になれるもの、ロックに巡り合った。

世の中でいちばん大事なのは、若い世代を大事にすること。「私の履歴書」の執筆を通じ、そこに思い至った。

60歳を過ぎたころから、私の仕事はどうも調子が悪くなった。いまは理由がはっきりわかる。年をとり、若い人たちと知り合って友達になるチャンスがガクンと減ったのだ。若い連中との接触こそが私のエネルギー源だった。

面白い人生

今後もチャンスは増えそうにないが、スタートアップ企業の応援は続けたい。エンター

妻・正子（前列右から2人目）、息子達の家族と（筆者は同3人目）

テインメントの分野で新たな挑戦をする5社で助言役をしている。退職金から出資した会社もいくつかある。

かつてがんで入院したとき、姉の道子がお見舞いに来た。「あんたはずっと運がよかったから。病気も何とかなるかもしれないよね。お大事に」。笑いながら帰っていったのを思い出す。

生まれたときから私を観察してきた人が言うのだからそうなのだろう。実際、病気は何とかなり、今日まで生き永らえている。

執筆の作業をしながら、自分とはいったい、何者なのかと考えてきた。実体がなく正体不明。むいてもむいても芯がないタマネギだ。でも、そのときどき、ここぞというときはがーっと力を入れて働いた気もする。夜ごとライブハウスに通い、とことんミュージシャンの面倒をみたり、何カ月も毎週欠かさずアメリカに出張したり。

そんな私を見て、周囲の人たちが「仕方ない。こっちもがんばるか」と思ってくれたのかもしれない。楽しい場面にずいぶん立ち会えた。

だからこれまで関係のあったすべての人に心からお礼を言わないといけない。ありがとう。かなり面白い人生だよなあ。

第2部

対談

第２部写真　有光こうじ

対談

組織を引っ張るのは「人間力」

ソニー元社長

平井一夫氏

（ひらい・かずお）

ソニーグループシニアアドバイザー。
CBS・ソニー、ソニー・コンピュータエンタテインメント代表取締役社長 兼 グループCEO、代表取締役 会長、ソニー副社長などを経て、2012年ソニー社長兼CEO、2018年会長。2019年より現職

西海岸で「手伝い」

――丸山さんが1996年1月から毎週、アメリカに出張するようになったとき、通訳として行動をともにしたのが平井さんでした。

平井　毎週来るよと丸山さんがおっしゃって、そういうコミットメント、志はすごくいいと感じましたが、まさか本当に来ることはないだろうと思っていました。でも毎週だった。アメリカ人の経営者たちはビビっていましたよ。

丸山　そうだよね。自分たち幹部のなかから次の社長を決めるだろうと彼らは勝手に推測していたから。それも早めに決まると思っていただろうね。

――丸山さんの日米の往復は8月まで、計24回を数えました。

丸山　そうです。毎回、現地で3日間、予定をあけていた。アメリカは社内がぐちゃぐちゃになっている状況だったから、どうなってんのという話を聞いて。東京からも「ああやってほしい、こうやってほしい」というミッションを持っていく。

平井　いつもサンフランシスコ空港で丸山さんを出迎えました。そしてまずは飛行場近くのホテルにあるレストランで、必ずスパゲティーを食べながら話をしましたね。

——そもそも平井さんはソニー・ミュージックエンタテインメントのニューヨークオフィスに駐在していました。それが西海岸で仕事をすることになった。

平井　はい。丸山さんから声をかけられてというか……。

丸山　辞令なんか出たかな。

平井　辞令なんか出ないですよ。

丸山　出ないよな。まさかのちのち、ああいう展開になるとは思っていないから、簡単に言うと、出張のときにちょっと手伝ってよ、という軽いノリで。彼がニューヨークにいるのを知っていたから呼んだんです。

平井　別にソニー・コンピュータエンタテインメント（SCE、現ソニー・インタラクティブエンタテインメント）の仕事をフルタイムでするとか、そういうつもりはまったくなかった。最初にもらった役目は、アメリカでプレイステーションを発売する95年、その年の年末まで、ちょっとお手伝いしてよ、という感じです。私としても、ずっとニューヨークにいるより、西海岸にも行けて結構ラッキーじゃんみたいな。西海岸と東海岸を行ったり来たりして面白そうだという軽い気持ちで受けてしまった。

——その後の展開は想定外？

平井　全然考えていないです。ゲームビジネスはみなさんがやって盛り上がっているらしいけれど、私には基本的に関係がないし。でも、せっかく丸山さんに声をかけてもらって、西海岸と東海岸を行ったり来たりできるんだったら、いいんじゃないかぐらいの。それ以上のものではなかったです。

丸山　だから平井さんに声をかける前に、本人と会った記憶は1回くらいしかないんです。EPIC・ソニー（以下、エピック）でライセンス契約のトラブルがあって、「平井という社員がいるから彼に頼めばいいんじゃないか」という話になった。僕は（エピックのある）青山にいたけれど、市ヶ谷（CBS・ソニー）から平井さんを推薦されて、それでお願いしたんです。

平井　音源の扱いに関して、アーティストとの契約でちょっとしたトラブルがありました。エピック所属のアーティストなんですが、エピックには法務機能があまりなく、だったら市ヶ谷で平井が担当しているからということで。どこかのタイミングで丸山さんのところに、いまこうなっていますと説明するという接点があったんじゃないかと思います。

丸山　そしてニューヨークに行って交渉してきてもらうことになったの。

平井　おぼえています。ニューヨークに行って交渉しました。

丸山　でしょ。そのとき平井さんは、前の仕事でニューヨークから戻ってきたばっかりなの。とんぼ返りというか、もう1回すぐにニューヨークに行かなきゃいけない。すると平井さんが言うわけです。「行ってもいいですけど、自分はふだん飛行機はエコノミークラス。戻ってきてすぐにまたなんだから、今回はビジネスクラスにしてほしい。そうしてくれたら行く」と。

平井　……おっしゃる通りです。都合の悪いところは、みんな忘れていましたけれど。

丸山　おっ、それはそうだなと、オレは認めました。こっちがお願いするんだから。ビジネスクラスじゃなきゃ困ると言われて、それはその通りだと思った。

平井　罰が当たりましたけどね。向こうでいろいろ交渉をして疲れたのかもしれないですが、ホテルに戻ったら熱を出しちゃいました。

丸山　そうなの。それで、平井さんというのは、必要なときには言いたいことをちゃんと言える人なんだなと思いました。

平井　まあ、必要なとき、ですけどね。ダメもとで聞いてみたらオーケーだったのでラッキー、やっぱり聞いてみるものだなと。

丸山　そう、それがすごく印象にある。

平井　そして丸山さんに、現地はこうでしたみたいなリポートをしました。

本当は海外に行きたくなかった

丸山　彼の幼いときからのキャリアを聞いて、僕は大きな勘違いをしてしまった。平井さんは日本と海外を行ったり来たりというインターナショナルな人で、そういう雰囲気のことを続けたいと思っている、というふうに。僕は会社の偉い人とのやり取りで、「そろそろ平井をニューヨーク駐在にしたほうがいいんじゃないか。そうじゃないと辞めちゃうぞ、あいつ」という余計なことを言っちゃった。

――ところが平井さんの真意とは違っていた。

丸山　真逆だった。

平井　私は、海外は絶対に行きたくなかったんです。うちの父親が銀行につとめていて、転勤が多かった。ニューヨークとカナダとサンフランシスコの3回です。その後、父親はシンガポールにも行きましたけど。行ったり来たりして、私は毎回アウトサイダーの扱いでした。行ってはアウトサイダー、帰ってきてもアウトサイダー。いいかげん、これは嫌だ、海外赴任はごめんだと思っていました。家内も私と同じく帰国子女で、彼女ももう海外赴任はしたくないと。

だから入社したCBS・ソニーというのはパーフェクトでした。商圏が日本と香港なので、出張はあっても海外赴任、転勤はないですよねと。結婚して、ずっと日本で仕事ができて安泰と思っていたら、少し解釈が違う人がいて、ニューヨークに飛ばされちゃったわけです。

当然のことながら、いま思えば、自分のキャリアにとってあれほどいいことはなかった。これは感謝してもし切れないですね。あのときは、もう何ちゅうことをと思いましたけれど。

丸山　本当に何ちゅうことを、だよね。それ知らなかったから。

平井　最初は、家内もさんざん言いましたけどね。話が違うじゃない、何でニューヨークに赴任しなきゃいけないのよ、「わーっ」みたいな感じで、がんがん言われました。でも、結果オーライということなんです。ゲームビジネスとか、アメリカのビジネス、マネジメントとか、いろいろと体験することができましたから。もしも丸山さんに正しい情報が入っていて「平井は絶対、海外に出しちゃだめなんだ」となっていたら、まったく違うソニーミュージックでのキャリアだったんだろうなと思います。だから、いま思えば、本当に感謝しかないです。

丸山　われながら何の意図もなく、何のリーダーシップもなく。

平井　いえいえ、何をおっしゃいますか。

エピック＝「丸山組」のカルチャー

――CBS・ソニー入社後、平井さんは丸山さんにはどんな印象を持っていましたか。

丸山　何も知らない相手だよね、僕は。

平井　年頭の挨拶とかいって、会社の偉い方々が前のほうに出てきて一言ずつ何か言ったりするじゃないですか。そこで一人だけ、ポロシャツにジーンズという人がいて、「あの人、エピック・ソニーの人なんだって。なるほど、エピックってちょっと違うよね」みたいな話をしていました。

丸山　まあ、そうだね。

平井　カルチャーとして明らかに、自分がいたCBS・ソニーとは違っていました。まさしく丸山さん本人がそういうカルチャーをエピックに浸透させているのがよーくわかった。やっている音楽のジャンルもエピックはロックですし、ときどきエピックのオフィスに行くと雰囲気が違いましたから。

丸山　基本的に市ヶ谷とは違う雰囲気を出さないと。向こうは大きくて、こっちは小さいから、どうやって差別化するかを考えると、ジーパンしかないじゃないですか。

平井　市ヶ谷と青山とでは、もう場所が違うし、雰囲気が違う。使い古された表現ですが、エピックは自由闊達な雰囲気がしました。CBS・ソニーはエスタブリッシュメントな感じでしたが、エピックはみんなが自由に軽くやってるよね、風通しがいいよねとすごく感じました。

――グループのなかでも相当、異彩を放っている集団、丸山組という感じでしょうか。

丸山　そうじゃないと、つぶされてしまいますからね。そうならないように異彩を放っていないといけないというところがある。そもそも、ソニーに対するCBS・ソニーのあり方というのがそうなんです。親会社であるソニーから過度に干渉されるのを防ぐため、「CBS・ソニーのやつらはちょっと変だから手を出すのはやめておこう」とそう思われる必要がある。

同じように、CBS・ソニーから分派したエピックも「近づいたら危ないぞ」という雰囲気を出さないと、基本的には大きいほう（CBS・ソニー）のいろんなカルチャーにのみ込まれちゃって一緒になっちゃうじゃないですか。

平井　そうですよね。

丸山　ソニーとCBS・ソニーの関係を、下っ端の僕なんかは見ているわけじゃないですか。ああなるほど、こうやって大賀典雄さんや小澤敏雄さんはCBS・ソニーという会社をつくったんだなというのを学んだ。今度は自分がその一個小さいのをやるときに同じことをしようと思ったわけですよね。

――なるほど。同じ企業グループだからといって全部が同じ色彩の会社になったら面白くないし、いい化学反応が起きない。

丸山　でも、上にいる人は不安じゃないですかね。枝わかれした会社のやつらが何をやるかわからないというのは。だから、経営を細かくチェックしたくなる。いちばん上の人がチェックしなくても、その下の連中がチェックするでしょう。

ソニーとCBS・ソニーの関係でいえば、「われわれは成績がいいからソニーに入ったけれど、あいつらはそうじゃないからCBS・ソニーなんだ」みたいな空気があった。CBS・ソニーの側としては、そういうことに対してものすごくむかつくわけです。それと同じことが今度はCBS・ソニーとエピックの間でもあるわけですよね。僕はCBS・ソニーに10年いて、それからエピックに行っている。CBS・ソニーが成長して、さらに新しいレーベルをということでエピックをつくっているわけです。なのに、CBS・ソニーに入った新入社員がエピックにいる私に対して偉そうにするわけです。

平井　エスタブリッシュメントだから。
丸山　そう。むかつくじゃないですか。

「不思議な通訳」から現地のトップへ

――少し話を戻します。96年、アメリカのゲーム事業は平井さんがトップという体制になります。丸山さんは日本からの出張を続けるつもりでしたが、平井さんは「もう来ないでください」ときっぱり言います。
丸山　すごいでしょ。ほーっと思った。
平井　そういう言い方は多分していなかったと思います。ニュアンスはそうだったかもしれないですけど。
丸山　いや、言った言った。
平井　言いました？
丸山　うん。オレはすごく納得したんだもん。出張のたびに平井さんが現地の状況を説明してくれて、ああしよう、こうしようとやる。それを踏まえて、アメリカの幹部連中とミーティングするんだけれど、僕は時差もあるし眠くなる。すると打ち合わせの通りに、平井さんががんがんやってくれるわけじゃないですか。その場を仕切れているわけ。私が寝ていたって大丈夫なの。

平井　何しろ丸山さんは滞在時間が限られているし、いっぱい案件があるから、どんどん処理していかなきゃいけない。ぱっぱぱっぱとやるという意味では仕切りましたけれど、別にそれで自分をアピールしようとか、そういうのはまったくなかった。そもそも私はニューヨークのソニーミュージックの仕事に戻ろうというマインドセットでやっていますから。でも西海岸にいるときは、そこでのミッションがありますから、それをちゃんとやるということです。単純に早く物事を終わらせて、次にいかなきゃいけないというタイムマネジメント、タスクマネジメントの観点ですよね。

すでに丸山さんと打ち合わせをしているんですから、アメリカ人の前で改めて丸山さんに日本語でしゃべってもらうのは時間の無駄になるし、その通訳を聞かされるのはアメリカ人もつらいだろうし、しらけてきちゃうんですよね。ですから丸山さんからインプットを受けた内容を私は英語でばーっとしゃべって、指示を飛ばすわけです。

――丸山さんが一言二言しゃべると、平井さんの英語が15分続く「不思議な通訳」ですね。

平井　丸山さんが「じゃあ打ち合わせた通りによろしく」って言うと、私が「いいか、お前ら」から始まって、ぎゃーっとやる。

丸山　そうなんです。でもいくら何でも、僕は一言二言しかしゃべってないのに、通訳が15分というのは不自然でしょう。だからアメリカ人の幹部たちに聞いたんです。「オレはちょっとしかしゃべってないのに、平井はこんなに長くしゃべっている。お前ら、ちょっとおかしいと思わないか」と。そうしたら……。

平井　大ウケ。

丸山　大ウケにウケて。「私たちも変だと思っていた」と。

――平井さんはソニー・コンピュータエンタテインメント アメリカ（当時）のEVP（エグゼクティブ・バイス・プレジデント）になりました。丸山さんではなく自分に情報が集まるようにと考えた結果が「丸山さん、もう出張はいいですから」という発言につながったと。

平井　EVPというポジションに就いた以上、もうお手伝いレベルじゃないですよね。社長がいなかったので、組織の長を任されたことになります。そうだとするならば、私のほうを向いて仕事をしてもらわないとまったくまとまらないし困るんです。丸山さんが毎週来るとなれば、「じゃあ平井って何なの？」となる。単純なスピーキングマシンだと思われたら求心力は絶対に生まれないですから。

私はソニーミュージックから来ているし、東京からの赴任です。アメリカで働く現地の人たちからすれば位置づけがはっきりしません。そこですでにマイナスなのに、東京から来る上司の下で仕事をしているとなれば、何の発言力もなく求心力もない。そういうのを断ち切っていかなきゃいけない。私にリポートするVP（バイス・プレジデント）や社員に「毎週やって来る丸山さんに頼っている」という印象を与えたらよくないんです。だからポジションをもらった瞬間に、もう自分でやるというメッセージを出さないといけないないなと思いました。それは自分自身に対してもそうです。自分の立場も変えたいと、現地採用にしてもらいました。

丸山　すごいでしょう。それなら大丈夫だから、そうしましょうと。サンフランシスコには行かなくなりました。着替え用に向こうに置いてあったポロシャツなんかの荷物をとりに行ったのはそれから2年後くらいじゃなかったかな。ちょっと気が抜けてあんまりサンフランシスコには行きたくなくなっちゃった。

平井　それまでは毎週でしたからね。最後のころは、イミグレーションは顔パスだって言っていましたよね。担当者が「はいはいプレイステーションね、オーケーオーケー、はいどうぞ」という具合で。もう何の質問もされない。イミグレで顔パスになった人ってそうはいないですよ、サンフランシスコの空港で。

丸山　そうね。

平井　丸山さんのあと、久夛良木健さんがときどき来るようになりました。

丸山　久夛良木さんって、技術だけじゃなくて、マーケティングとかも大好きなのよ。

平井　そうですね。よく店舗を回って様子をチェックして。

丸山　クリスマス商戦を迎えるにあたっては、ソニーのプライベートジェットに乗って回っていた。プライベートジェットを使えるのは社内でもあるランク以上の人で、久夛良木さんはそのランクに入っていないけれど、もぎり取って使っていた。

平井　でも結局、効率よく回れましたけどね。朝、デトロイトを出発して、アーカンソー州のウォルマートに行って、そのあとミネソタ州のベスト・バイに行ってと。でも、最初のころ、久夛良木さんはプライベートジェットで記念撮影していましたよね。さっそうと乗ればいいのに、「はい、みんな、写真撮るから」なんて。「えー、それダサいじゃん。やめてよ、久夛良木さん」とか言っていました。ほかのソニーのエグゼクティブは絶対に写真なんか撮ってないんだろうなと。

――仕事ですから大変なことがいろいろあったと思いますが、かなり面白かったようにも感じます。

丸山　冷静に言えば面白いんですよ。でも大変ですよね。会社がつぶれるぞとか五反田（ソニー）に脅されていたから。

本気でグローバル経営をするために

――平井さんにしてみれば図らずも担当することになったゲームビジネスです。すぐに仕事はしっくりきましたか。

平井　そもそも「ノー」という選択肢はなかったかもしれないですけれど、やらせていただきますと言った瞬間に、もうまさしくソニー・コンピュータエンタテインメントアメリカの人間ですから。音楽がどうのこうのとか、昔はよかったねとか、言っている場合じゃない。そんなことを言うんだったらやらなければいいわけです。やると決めたならば、ゲーム業界のなかでプレイステーションをいかに大きくするか、それをひたすら考える。

当然のことながら、私には知識がありません。でも、私がEVPになる前にそれまでの幹部たちには会社を辞めてもらったので、私自身のマネジメントチームでスタートできたのはすごくよかった。いろんなことを教えてもらいながら、議論しながら仕事ができたというのはすごくよかったですね。音楽ビジネスのほうがよかったよねといった考えはなかったです。

――丸山さんは「売り上げの50％以上をアメリカで稼ぎ、アメリカ人かアメリカ人的な発想ができる人が経営する」というのがグローバル企業の条件だと言います。平井さんがアメリカのゲーム事業で実践した経営がこれに当てはまると。

丸山　そう。ここ10~15年、日本の会社はみんな、グローバル経営がどうのこうのという議論をしてきた。オレはちょっと考えて「ああそうか、グローバルをめざすんだったら、SCEみたいにやらないとだめだよな」と思い至った。それをやったのが平井さんなんだと思うわけ。

私の整理の仕方は、グローバル経営をやりたいんですか、輸出型企業のままでいたいんですか、ということ。日本にトップがいて日本から指示を出してというのは輸出型企業であってグローバル経営には到底、行き着かない。その点、平井さんは、東京の言い分がどうのこうのというんじゃなく、はじめからグローバル経営をしたと思う。いま会社はSIE（ソニー・インタラクティブエンタテインメント）となって、気がついたら本社もアメリカに行っちゃっているわけじゃないですか。

平井　そうですね。そういう意味では本当にグローバルな経営をしていますよね。

丸山　東京でコントロールしたいと思うんだったら輸出型企業のやり方があるけれど、本気でグローバル経営をやろうと思うなら、アメリカで腰をすえてやらないとそうはならないよと思う。

平井　そうですね。ソニーがアメリカで買収した映画や音楽のビジネスも経営しているのはアメリカ人です。もちろんやけどするような問題も過去にはありましたけれど、あそこに日本人の経営者を投入したところでまったく回らなかったでしょうから。

丸山　まったく回らないよね。

平井　日本人が急に行って経営するというのはオプションとしてないです。例えば、音楽ビジネスをグローバルにマネージできる能力が日本の人間にあるかといったら、やっぱりない。結局、グローバル経営にコミットすることをきちんと織り込んだうえで買収しないといけない。急に日本人を送り込んだってできないですから。

丸山　できないね。

平井　アメリカのゲーム事業の経営では、グローバルが前提という状況でした。プレイステーションのビジネスというのは、日本の本社とは関係なく、できるやつにやらせればいいと。輸出型企業では全然ない、というマインドセットができていましたね。

丸山　どう考えても、あなたがそういうふうに引っ張っていったじゃない。

平井　まあ、その点は意識しましたね。

丸山　そうだよね。平井さんはグローバル企業の形を思い描いてやっているから。だからどんどん、そういう姿になった。日本にいるソニーのトップマネジメントのほうも「それはそうだよな」とそれを追認したということじゃないですか。平井さんが経営を担うようになって初めてソニーはグローバル企業になれたんですよ。

平井　めっそうもないです。

「ソニーミュージック」を背負う

――平井さんはその後、ソニー（現ソニーグループ）の社長兼CEOに就任します。やはりアメリカでゲーム事業のリーダーをつとめた経験は効いていますか。

平井　まさしくそうです。ソニーミュージックのニューヨークオフィスにいたときは、私とアシスタントの2人だけでした。私は駐在員です。その前に東京で働いていたときは一応、係長を拝命していまして、下に6人ぐらいいたのかな。それがリーダーシップと言えるのかどうかわからないですが。それがニューヨークに行ったら2人だけのオフィスになった。

ですから、アメリカのゲーム事業でEVPとなったのが、初めての大きい組織でのリーダーシップポジションですね。当時200～300人いたと思います。私にリポートするVPがいて、さらにその下に社員がいっぱいいてマネジメントするというのは初めての経験、体験でした。丸山さんには「もう出張はいいですから」と言っちゃったし、自分で何とかしなくちゃいけない。どうしたらいいか真剣に考え、どういうふうにリーダーシップスタイルを確立するかということについては結構、悩みました。

そのときからソニーの社長に至るまでずっとそうだったんですけれど、強く意識していたことがあります。それは「もし私がうまくいかないと、CBS・ソニー、ソニーミュージックの人間ってこんなもんなんだと思われてしまう。絶対にそれはあっちゃいけない」ということです。あちこちで「あなたはソニーミュージックの人間なんでしょ」って、みんなが軽く見られるようになってはだめだと。そういうことを勝手に私は思っていた。

——すごく重いものを背負いましたね。

平井 しょっていた。とくにソニーの社長になるときはその思いがすごくあって、絶対にこれをちゃんとやれなければ、「何言ってるんだよ、ソニーミュージックが」ってみんなが言う口実を与えてしまいます。これは徹底的にうまくやらなきゃいけないよねというプレッシャーを自分にかけまくっていました。CBS・ソニー、ソニーミュージックの人間からしたら、大きなお世話だよってことかもしれませんが、私は勝手にそう思っていました。

——ソニーミュージックの人にとっても心に響く話ではないですか。

平井 そうやって自分を盛り上げていたという面はありますね。「何言ってるんだよ、ソニーミュージックが」となったら本当に嫌じゃないですか。

丸山　僕は平井さんがソニーの社長になるころ、日経の取材を受けて「社長の役目なんて引き受けるべきじゃないぞ。ばかやろう」と言った。

平井　社長なんか、やめとけと。

丸山　だって、ソニーのやつらはみんなばかにしているんだよ、オレらのことを。そういうところに一人で舞い降りて、そんな面倒くさいことを、お前、よくやるよな、という思いがあのころはあった。迂闊《うかつ》にそんなポジションを受けるなんて、と。そういうことを私はストレートに言って、それが記事になった。

平井　それ、おぼえていますよ、もちろん。

――平井さんは丸山さんの意見をどう受け止めたのですか。

丸山　社長の仕事をやり切るぞって思ったんじゃない？

平井　私はそう思いました。

丸山　オレはやり切るという精神を持ってない。なるべく楽なところにいく。平井さんとは明らかにキャラが違うんですよ。僕は楽なほう、なるべく人がやっていないところにいく。

平井　もう一つ言えば、これは人事政策にもなりますが、市ヶ谷のCBS・ソニーに入った人間がソニーグループの社長をやったという実績を1回つくったならば、その次はSCEの人間がやるとか、いろんな可能性が出てくるじゃないですか。ソニーの社長は必ずソニーから誰か出さなくちゃならないというのではなく、ソニーピクチャーズの彼はなかなかいいじゃないかとか。私のケースが実績として残れば、そういう人材の流動性がある会社なんだよと示せるし、そういうことがやりやすくなる。前例をつくっちゃったらこっちのものだという思いもあって、これはどうしたって成功しなければならないと。私がうまくいかなければ「やっぱりだめだ、これは」と言われて、いろいろな道を閉ざしちゃいますから。

丸山　立派な話でしょう。

平井　またまた、もう。

丸山　オレは基本的に、地頭のよさ・わるさでいくと、ソニーのやつらのほうがいいと思っているわけです。

平井　それはもう絶対そうです。

丸山　そうなんだけど、だからといって、ビジネスをやっていくうえで、地頭通りにいくかといったら、そうじゃない。だけど腹が立つのは、「こっちは地頭がよくて、お前らはわるい」というその一点だけで身分差別をされているというのがすごくあった。だから「平井よ、よくぞ大変なところに飛び込んだな」という思いが強くあった。

平井　確かにそうですね。何てことやるんだと。

丸山　でも、それを乗り越えた。本当に感心します。

平井　私じゃなくて社員のみなさんが頑張った。私は旗を振っていただけです。

――平井さんがソニーグループの社長という時代を経て、グループ全体が変わったという手応えはありますか。

平井　少しずつ変わってきていますし、人事交流も盛んになってきた。でも、これは私の勝手な見立てで、違うよと言われてしまうかもしれませんが、ソニーグループ側には受け入れ体制ができたけれど、例えばソニーミュージックの人間からしてみれば「別にソニー本社になんか行きたかないよ」みたいな感覚がある。

丸山　そう、そこはある。

平井　多分、まだあると思います。あくまでも勝手な見立てです。でも、人事交流は活発になってきています。日本からアメリカのソニー・ピクチャーズに赴任した人材が現地に溶け込み、腹を割って仕事ができている、実績を残しているという例も出てきました。

「この人のために頑張ろう」

――平井さんはかねて、リーダーはIQ（知能指数）ではなくEQ（心の知能指数）が大事だと主張しています。夜な夜な所属アーティストのライブに行ったり、とことん彼らの面倒をみたりという現場に根っこがある丸山さんのリーダーシップにも通じる気がします。

平井　丸山さんの下でプレイステーションの仕事をしたとき、丸山さんのためだったら本当に頑張れるぞって心から思いました。それって丸山さんの会社での肩書やポジションがどうだからというのではなく、人間としてすごくリスペクトできるし、大好きだからなんです。丸山さんの下で働き、こういうマネジメントスタイルって自分のモチベーションが上がるよねという体験をした。仕事のベースは肩書じゃなくて人格です。丸山さんは人からリスペクトされるし、EQが高いと私は思います。

丸山　EQか。

平井　人徳という言い方もあります。要するに、人間としてどう見られているか、です。小さいチームでも、何百人、何千人の組織でも、「この人のために頑張ろう」と思ってくれるかくれないかで結果が全然違う。肩書だけで仕事をしていたら、「部長が言うから、一応やるけどね」となったら、組織は終わっちゃいますよ。この点は大事だと思います。

――いま日本の経営者でEQで組織を引っ張れているリーダーは少ないように思います。

丸山　日本があんまり元気がなくなっちゃった理由は何か。「高校野球が悪い」というのが私の説です。高校野球といえば甲子園で、トーナメント制で戦って勝者が決まる。1回負ければ、それで終わりです。選手たちは優勝したいからと監督に過剰適応する。日本では大きな会社とか組織も同じようなことになっている。だいたいは社内トーナメントの決勝で勝った人が社長になる。みんな会社に入ったら、その組織になじもうとする。そのうちに過剰適応する。それでは新しいことは生まれません。この過剰適応が広がっているのが日本の社会。

新しいものをつくり出す人というのは、周囲の環境にうまく適応できないところがある人たちだと思う。こういう連中は妥協を排し、過剰適応したりしない。久夛良木さんがそうだし、イーロン・マスクもそうでしょう。アメリカはそういう適応しない人の層が厚いんだと思う。だから新しいことをみんながやる。もちろんアメリカにも過剰適応する人がいくらでもいるだろうけれど、社会全体が「甲子園」ではない。

平井　自分で言うのも何ですが、私はソニー本社以外のところで仕事をし、外からも見ていますから、ソニーはエレキだけじゃないという視点が持てました。本社がグループの頂点にあるといったメンタリティーはあんまりない。ソニーの社長なのに会社にジーパンやポロシャツで行きました。さすがに短パンは周囲に止められましたが。エスタブリッシュされている会社です。そういうのとは違う会社にならなきゃだめなんだということを訴えるためには、「えっ」と思われることをやらないといけない。そう考えてやっていました。

トップはルックスが重要

――今日の平井さんの髪形に少し驚きました。自由な感じで。

平井　スタイリストにパーマを勧められて「いいね」と言ってやったら、思った以上にパーマがかかった。収拾がつかなくなりましたが、いまはこれで押しています。さすがにソニーの社長のときはこういうことはできないですから。

丸山　社長の最中はやってなかったたっけ？

平井　やってないです。もう、びしっみたいな。一本も髪の毛が乱れないよう、まとめ上げていましたから。

――そういう指導があるんですか。

平井　指導はないです。でも社長って見られていますから。髪の毛が乱れていたり、身だしなみがいま一つだったり、靴のヒールがちょっと丸くなっていたりしたら、社員が見てがっかりします。うちの社長、だめじゃんと。クレディビリティー（信頼性）が下がるし、対外的にも「あの社長ってどうなの。仕事はできるけど、さすがにあのルックスはないよね」とネガティブな反応になる。社長というのは、会社のブランドを体現するものという意識を持たないと。仕事ができるし、業績が上がっているからルックスなんかどうでもいいやと思った瞬間にもうアウトです。アメリカやヨーロッパのＣＥＯはそのあたりに気をつかい、みんなルックスがいいし、髪の毛もばしっとしている。インタビューでもカメラを凝視してしゃべる。日本の経営者は見劣りしちゃいますよね。

トップが絶対に意識すべきことです。優先順位が高い。テレビでもインタビューでも、社員が見ています。「うちの社長、頑張っている」と思うのか、「もうやめてよ、あのダサダサ」「目が泳いじゃっているし、だめだよ」と思うのか。そこでモチベーションが上がるか下がるか決まるんです。印象が全然、違いますからね。アーティストは常に見られていると意識しますが、実は会社のトップだって同じですよというのが私のアドバイスです。お前はどうだったと問われれば、すいませんってなっちゃいますが。

――日本ではそういうことを軽視しているというか、しっかりした経営をしていれば、わかる人にはわかる、といった話になりがちです。

平井　もちろん見てくれだけよくて、実績が伴っていなければますますだめです。やっぱりちゃんと両方ないと。経営とは、そういうことも含めて積み重ねなんですね。だから、とれるアドバンテージは全部いただく。そういうふうにしておかなければならないと私は思っています。

――ポロシャツとスニーカーに徹する丸山さんのスタイルも強いメッセージです。

丸山　僕らのビジネスの特殊性ですよね。僕らのビジネスは、ミュージシャンに好かれるのがいちばん大事。それにはミュージシャンと同じところに立って同じ目線にならないといけない。「あいつはオレらのことをわかってないよね」と思われちゃいけない。こういう格好のほうが彼らとコミュニケーションがとりやすい、とそういうことですよ。

社員は、常に見ている

――先ほど平井さんから「社員が見ている」という話がありました。思い出すのは、丸山さんが若い社員に「最近の経営はよくわからない」と言われて社長退任を決めたエピソードです。こういう引き際を平井さんはどう思いますか。

平井　すばらしいと思います。引き際ってすごく大事です。いちばん苦しい経営判断というのは、自分がいつ辞めるかだろうと。英語ではオーバーステイ・マイ・ウエルカムと言いますが、もう歓迎されていないのにまだ居残っているという状況になったら、おしまいですよ、本当に。もう求心力がないですから。しがみついて、もう一回、求心力をと叫ぶのではなく、ちゃんと道を譲って、次の人にやらせるというのがあるべき姿だと思います。私の場合は業績で結果が出たんだから、もう次の人にやってもらうほうがいいと考え、さっと降りました。いつまでもいるのは組織にとって健康的じゃないし、本人だってほかにやることがいっぱいあるんじゃないかと私なんかは思っちゃうんです。

――「経営がわかりにくいです」という社員の一言は丸山さんにとってもショックだったのではないですか。

丸山　きっとそう言うだろうなと思っていたら、そう言ってくれた、という感じ。ああ、やっぱりそうだよな、わかりにくいよなと。確認ですね。

平井　自分が「これってだめだよな。これって違うよね」と思ったとき、社員はとっくのとうにそれがわかっています。社員は「いつになったら本人が言い出すのか」と待っている。ずっと言わずにいると「こりゃだめだな。うまくいっていないとわかっているはずなのに、何にも言わないわけ?」となっちゃう。自分が間違ったと思ったら、すぐに間違ったと言わなければならない。そういう経営をしないとだめです。

子供の格差問題に挑む

——丸山さんはこれまでの人生経験から「人間、面白いことを始めるのは、20代とか30代とか若いときだ」と気づいたといいます。だから若い世代を大事にしようと。

丸山　いま平井さんは教育の仕事をメーンでやっているんでしょう？

平井　子供たちの体験格差の問題に取り組んでいます。（注：子供を支援する団体へのファンディングなどをする「一般社団法人プロジェクト希望」を設立し、その代表理事をつとめる）

丸山　僕は大それたことはできない。手伝ってくれませんかと頼まれて、面白そうなら、そのなかに入っていって手伝うということをやっています。大きなことじゃなく、小さなことです。若い人がオレを見つけて、これをやってくれたら役に立つということがあれば、それが面白ければ引き受けるという感じのスタンスで。体系だったアドバイスなんかはできない。ありきたりに「いまの若い者は……」というのはやる気がない。

平井　このごろ、若い人たちの進路についてどう考えたらいいか、というテーマで話をする機会が多いんですが、申し上げているのは、高校3年生でも大学生でも、自分がどういう状況にあって、これからの人生で自分にとって何が大事なのか徹底的に考えてくださいということなんです。何が大事か優先順位をつけて、自分の進路や学校について全部考えてほしいと。

もしもあなたの人生で、両親が喜ぶような仕事に就くことの優先順位が高いなら、お父さんお母さんが言う通りの仕事に就けばいい。でも、そうじゃないのなら、こういう仕事がしたい、こういうことがしたいと、まずはそれを決めるのが大事なんです。優先順位はいくら変わったって構わない。毎日変わってもいいけど、それを徹底的に考えてほしいと言っています。

私も（22年12月で）62歳です。若い人たちって、お金では買えない時間という資産を死ぬほど持っている。できることなら私も買いたいですよ。でも買えない。ジェフ・ベゾスもイーロン・マスクも買えない資産です。若い人は自分がやりたいことをやって、失敗してもリカバリーする時間がいくらでもある。私の年齢になって何かを始めて失敗したら、もしかしたらもうだめかもしれない、になっちゃう。若い人はそんな心配はいりません。だから、自分の優先順位に従ってトライしてみることが大事なんです。

こういうアドバイスをすると若い人たちは本当に盛り上がってくれるんですが、それだけでは足りません。残念ながら、実際にそうやって頑張ろうと思っても、日本の社会システムがそれをなかなか許容しないという問題があります。会社のなかで1回失敗すると、あいつはもうだめだとなったり、事業を始めて1回失敗すると、もう銀行が二度とお金を貸してくれなかったり。若い世代の挑戦を受け入れる社会システムになっていないというのが私にとっていちばんのフラストレーションです。葛藤があります。

社会のサポート不足は、子供の教育や体験にも当てはまります。子供が貧困に苦しんでいるのは、親が怠けているからであって社会が悪いわけじゃないといったことを平気で言う政治家もたくさんいます。子供たちを苦しめている貧困の連鎖を断って、高い教育を受け、給与水準の高い仕事に就けるよう、社会として取り組もうというマインドセットにまだなっていない。少子化が進み、子供は貴重な資産なのに、この国はそんな扱いをしていていいのか。アドバイスするだけではなく、そうだなと子供たちが思ったならば、ちゃんと社会がサポートできるような体制でないと。それが感動体験を提供しようという私の活動にもつながってきます。

――社会の仕組みづくりは大人の役割ですね。

平井　それが企業や国のリーダーシップに求められています。子供というのは日本の将来にとっての資産、いちばん大事な資産ですよね。これを有効的に活用するという経営をしてほしいなと思います、本当に。

丸山　とりあえず最初にやるべきことは甲子園大会をなくすこと。

平井　そこからですね。

丸山　それがいちばん早いんじゃないか。あらゆるところに甲子園の考え方があり、それに日本人が慣れちゃっているから。

平井　確かに日本は1回負けたらおしまいですからね。

丸山　そう。あの大会で勝つために、血と汗と涙という、そういう美談がどんどんできるから。

平井　サッカーのワールドカップみたいに、1回負けてもポイント制で何とかなるというのがあっていい。

丸山　全国大会のレベルでトーナメント制というのを盛大にとり入れている種目とか国とか、あんまり聞いたことがない。だけど、あれが日本人の性格をつくっちゃっているんじゃないかな。ダンスの競技会だって、ダンス甲子園だとか言って。

平井　確かに、そういうのが多いですね。

丸山　ああいう考え方をつぶさないと、日本はここからよくならない。どう、この話、わかりやすいでしょ？

平井　勉強になりました。いただきです。今度、使わせてもらいます。

丸山　ぜひ。結局のところ、みんなが甲子園をめざすって言うから甲子園が成り立っちゃうんで。みんなが甲子園をつぶすって口走ってくれると、日本の社会が変わる。

対談

イノベーターを生かす、育てる

プレイステーション開発者

久夛良木健氏

（くたらぎ・けん）

アセントロボティクス代表取締役兼CEO。

ソニー・コンピュータエンタテインメントを設立し、「プレイステーション」の開発を指揮。

同社会長兼グループCEO、名誉会長、ソニー副社長兼COOを歴任。

ゲームは目の敵にされた

――そもそも二人の出会いとは。

丸山　最初の接点は高橋裕二さんだよね。「久夛良木というのがいるから会ってみないか」と言われた。

久夛良木　そう。エピック・ソニーにいた高橋さんだった。高橋さんはもともと音楽好き、ロック好きなんだけど、当時ニューメディアと呼ばれていたものに興味があって、（ウォークマンを使いニュースコンテンツなどを聞く）ウォークマンブックスとか、パソコン通信のニフティとか、そういったものを熱心にやっていた。エピックはもちろん音楽の中心地だけれど、1980年代の後半、高橋さんはニューメディアの分室をつくった。エピックはゲームソフトを手がけ始めていて、僕はそこに遊びに行っていたんです。その高橋さんから「これがエピックの親分だ」と丸さんを紹介してもらった。

丸山　あのころエピックは任天堂のファミコン用にゲームをつくっていたから。

久夛良木　そして89年に任天堂がスーパーファミコンを出すという情報が公開されて。

丸山　発売は90年。

久夛良木　スーファミが出て、搭載されているサウンドチップはソニー製ということが明らかになった。それを担当しているのは僕のチームだった。どうしてサウンドチップをやるかというと、僕は音楽も好きで「どうしてゲームの音楽はピコピコ音だけなの?」と思っていた。あのころ音楽の世界では、ヤマハの「DX7」のようなキーボードをダーッと並べた演奏をしていた。

丸山　DX7というのはシンセサイザーの世界的ベストセラー。

久夛良木　25万円もしたけれど、DX7といったら、もう世界中で知らない音楽家はいない。そういうシンセサイザーを使ってみんながステージをやっていたわけです。それをさらにちょっと進化させたような技術をゲーム機に入れたいという話になり、それが実現したのが任天堂のスーファミだった。ソニーの技術を使って、ゲーム機の音楽がピコピコ音からオーケストレーションできるようになったんです。「ファイナルファンタジー」や「ドラゴンクエスト」のように音楽を五線譜の上で表現できる。そういう時代になって、僕らは喜んでいたわけです。

これはソニーの半導体ビジネスにもなるわけだけれど、ソニーの社内では、ゲームというのはまったく相手にされないどころか、目の敵なわけです。それには、いろんな理由がある。まずソニー全体で「おもちゃ」というものに対する大きな抵抗感があった。例えば昔々、アメリカ主導で「マイ・ファースト・ソニー」というブランドでテレビやラジカセなどの商品を子供向けにたくさん出したことがある。子供用品ブランドのようなカラフルな色遣いで。これに対して、品川とか大崎とかにいるエレクトロニクスの部隊はムカムカしていた。ソニーたるもの、おもちゃなど手がけるべきではないと。ましてゲーム機は「虫酸が走る」くらいの受け止められようだった。

――かなりの抵抗感ですね。

久夛良木　それだけじゃない。CDはソニーとオランダのフィリップスの共同開発規格でしょう。音楽から始まり、いろいろな派生フォーマットが生まれた。そのなかにCDインタラクティブ（CD―I）というのがある。CDをかけると、ある程度のインタラクティビティーがあり、いろんなことができますよと。これを担いでビジネスをしたいという連中がソニーの社内にいたんです。ソニーにはこれしかないんだと。ところが、僕たちのチームは任天堂のスーファミ向けにCD―ROMドライブを供給する計画を進めていた。「こともあろうにおもちゃ屋と」と、彼らは怒り心頭だったわけです。

もう一つあります。ソニーはほかの会社と組んで「MSX」というのをつくった。家庭の

なかにコンピューターを持ち込み、ゲームもできると言って。でも結局うまくいかなかった。任天堂からファミコンが出たのが83年で、MSXパソコンも同じく83年に発売した。でも、ファミコンにやられてしまった。

丸山　そうだよね。

久夛良木　そういうことが二重三重にあった。任天堂とコラボしているというだけで、もう激怒しているわけです。久夛良木は任天堂と裏で勝手に話をしていると。スーファミのサウンドチップはソニーの研究所の計画でやって、しかもソニーのセミコン事業だからまだいいんですが、任天堂と進めていたCD―ROMのプロジェクトが失敗してしまった。任天堂が翻意したわけです。「ソニーの顔に泥を塗った」から始まって、もう大変な状況、大騒ぎになった。それで僕は（ソニーのある）品川を離れて、（エピックのある）青山に拠点を移したんです。

とにかくソニーのエレキの人たちはハードウエア志向が強い。あのころは秋モデルと春モデルという年2回の新製品発売のためにみんな頑張っていた。

丸山　春と秋のモデル？　そうなの、ハード

って?

久夛良木　そうなのよ。ソニーに限らず、日立製作所だろうが、パナソニックだろうが、みんなそう。だから昔はカタログに秋モデル、春モデルと書いてあった。結局それは、市場をつくるというんじゃなくて、すでにある製品のラインナップを増やすという発想。テレビなら画面サイズのラインナップとか、価格帯のラインナップとか、機能別のラインナップとか。およそエンタメ系やソフト系とは感覚が違うわけです。

ゲームというのはどう考えてもソフトの事業。大賀典雄さんがソニー社長だった時代ですが、CBSの音楽部門を買収したのが88年。89年にはコロンビア・ピクチャーズの買収があった。間違いなく次はコンピューターを使ったエンターテインメントでした。でも、任天堂の翻意をきっかけに、もう僕は針のむしろ状態。

きっかけはピクサー

――ソニーと任天堂の協業が頓挫し、久夛良木さんはソニー自らゲーム機を開発するというプランを打ち出します。これには丸山さんも驚愕したと振り返っています。

久夛良木　それも将来の夢の一つだったんですよ。でもそういう僕の数年計画は丸さんにも話さなかった。だって話が大きすぎるというか、荒唐無稽すぎるというか、みんな驚いて逃げちゃうから。正直に言えば、プレイステーションをやろうと心のなかで決めたのは、だいたい85年くらい。僕が厚木にあるソニーの研究所にいたときで、これからコンピューターはエンタメになると考えていた。

大きなきっかけになったのは、ピクサー・アニメーション・スタジオをつくったジョン・ラセターです。彼がSIGGRAPH（シーグラフ）というコンピューターグラフィックスの学会で「ルクソーJr.」という電気スタンドの親子が出てくる有名なショートフィルムを発表した。86年です。僕は毎年シーグラフに行っていて、これを見て、すごい才能だと思った。衝撃を受けたわけ。あのころはとても高価なコンピューターを使って、何カ月もかけて映像をつくっていたんだけれど、もしこれをリアルタイムにできるようになったら、すごいエンターテインメントビジネスになると思いました。

ルクソーJr.の何がすごいかというと、それは技術じゃない。クリエーターがすごいんです。クリエーターが新しいテクノロジーと遭遇したときに、それまでなかった、とんでもないコンテンツをつくる。そこに衝撃を受けた。そして、ジョン・ラセターのようなクリエーターが将来、世界中から何人も出てくるに違いないと。そういうエンターテインメントのためのコンピューターシステムをつくったら面白いよねと思ったのがそのころでした。

では、それはいつごろ実現できるか。ムーアの法則から考えて、90年代の半ばごろだろうと、そこをターゲットにした。（注：初代プレイステーション発売は94年12月）

任天堂との協業はスーファミのサウンドチップでスタートし、CD－ROMドライブも供給することになったけれど、そうなったとしてもスーファミはスーファミのまま。処理できる画像もそれ以外も何ら変わらない。だから、いつかエンタメのためのコンピューターシステムを自分で手がけたいとは思っていたんです。そうしたら、任天堂は「もうソニーとは組まない」ということになった。そのとき僕は「わかった。じゃあ自分たちでやるぞ」と決めた。

ところがソニーは全員が大反対。そういうなか、日本でソフトといえば、もうソニーミュージックしかない。なかでもエピックしかないだろうということで、青山に幅寄せしたわけです。僕のチームにとって避難場所になった。ソニーを引き払ってそっちに移りました。

丸山　8人とか、そんなもんだよね。エピックのニューメディアの連中と、久夛良木チームが一緒になった。

でもね、85年ごろからそんなふうに考えていたというバックストーリーは全然聞いていないのね。やっぱり聞きたいじゃない、何を考えているのか。でも聞こうとすると「どうせ丸さんはわからないから説明してもしょうがないよ」と言うわけ。僕はてっきり、セガと戦って、そのあとに任天堂と戦って、それで覇権を握るというのが目標だと思っていた。ところが、あるとき、クタちゃんは「それは違うよ」と言う。「打倒インテルだ」と言い出したわけ。オレは何のことやらわからなくて。

久夛良木　僕はインテルは好きなんで、別に打倒する気はなくて。打倒じゃなくて競争するんだと。

丸山　打倒とは言ってないか。

久夛良木　お互いに一生懸命競い合う。共に創るという意味の共創と言ったほうがいいかもしれないね。

丸山　結局のところ、ちゃんとした説明は聞いていないわけです。「言ったってわからないんだから」と言われると、こっちも「確かに、そうだな」と納得していたんだけれど。

政治家ではなく、プロデューサー

――丸山さんは久夛良木さんにどんな第一印象を持ったのですか。

丸山　ミュージシャンは変わり者が多いわけです。自分のおやじも学者で、考え方がある一つの方向に特化しているじゃないですか。どこかバランスが悪いわけです。そういうバランスの悪い人間のことを僕は面白がる傾向が昔からあるんだと思う。久夛良木さんのことも変わったやつだなと思った。

久夛良木　例えば政治の世界があるじゃない。政治というのはポリティクス。だから例えばアメリカの議会でも、日本の国会でも、言いたいことをガッと言ったら、それは政治家じゃないわけです。自分の言いたいことを言わず、みんなの合意をとっていって、何とか落としどころを探るのが政治、ポリティクスです。そういうことに長けている人もいるし、組織にはそういう人も必要なわけです。

だけど、いままでなかったものをつくるとか、誰も聞いたことのないミュージックをつくるとか、それはポリティクスというわけにはいかない。とにかくやりたいことがあり、自分はこう思うというのがある。丸さんは間違いなく大プロデューサー。アーティストやクリエーターのいろんなことを包容してくれる。

ソニーという大組織には面倒くさいことを言う連中もいるわけです。そういう連中からも「しょうがないな、あなたが言うなら」と一目置かれる人徳のある人がいて、ゲーム事業を推進するチームに入ってもらった。徳中暉久さんです。まず丸さんと僕がチームを組んで、そこに徳さんを引っ張り込んだ。さらに高橋裕二さんと、丸さんがレコードの営業から連れてきた佐藤明さんが加わりました。いいチームができた。そうやってスタートしたのがプレイステーションです。

丸山　大賀さんの代理として僕たちをサポートしてくれたのは伊庭保さんでした。ソニーで最高財務責任者（CFO）をしていた人です。

久夛良木　大恩人はたくさんいるけれど、ソニーの側でいちばん動いてくれて、いちばんサポートしてくれたのは伊庭さんですね。

エキサイティングなチーム

――ゲーム事業の中核メンバーのうち、システム開発の岡本伸一さんをのぞく5人はホテルニューオータニに毎晩集まって作戦会議を開いていたのですよね。

久夛良木　何時に集合とは決めてなくて、三々五々みんなやって来る。面倒くさい話、ヒソ話をそこでやりました。

丸山　93年ごろから断続的に。毎晩やっていたのは初代プレイステーションが発売された少しあとくらいまでですね。

久夛良木　5人でいろんな話をするわけです。このチームはもう絶対、二度とないチームだと思う。例えば僕は開発の担当で、外部にある技術系の会社と話をする。ほかのメンバーもそれぞれに役割がある。みんな外に向かって、いろんな活動をするわけです。自分の持ち分以外は一切関係ないといったことはなくて全部、共有です。「今日、こんなことがあった」「相手はこんなふうに言っているけれど、どうしようか」とかね。みんなが互いに背中を合わせていて、すごく固い絆があった。うしろから撃つようなやつはいません。何だろうな、もう本当に何とか同盟みたいな形です。すごく信頼感が高い。お互いを信頼している。

丸山　外部にはソニーに勝たせたくないと思っている人がたくさんいるし、ソニー内部にも快く思っていない連中がいる。僕らソニー・コンピュータエンタテインメント（SCE、現ソニー・インタラクティブエンタテインメント）から見ると、ソニーをひっくるめて外はみんな敵という感じじゃないですか。だから結束が固まる。外交と一緒ですよ。

——苦労も多いけれど、楽しげな雰囲気です。

久夛良木　僕は楽しいけど、みんなが楽しかったかというと……。楽しかったこともあるとは思うけどね。エキサイティングだったんじゃないの。

丸山　そう、面白かったよね。

久夛良木　何かをつくっているぞ、世の中を引っ張っているぞ、みんなが注目しているぞ、とね。間もなくプレイステーションが発売されるというころ、丸さんから「クタちゃんさ、プレステを何台か分けてよ」と頼まれた。「どうするの」と聞いたら、「アーティストに配る」という。しかも2日前でも1日前でもいいから発売前がいいと。すでにバックオーダーを抱えている状況だったけれど、結局1週間ぐらい前に渡したんです。丸さんはすごく喜んでくれた。

丸山　そうそう。プレイステーションは発売前からもう評判になっていた。みんなよりも先に手に入れた連中はそれを言いたくてしょうがないわけ。そういう連中がテレビに出て台本に書いていないのに「プレイステーションを持っているぞ」とついしゃべっちゃう。それが結構、プレイステーションの存在を多くの人に知ってもらうのに役立ったんです。

久夛良木　普通に広告費を払って宣伝するというのじゃなくて世の中を動かす。こういうのは丸さんの直感、センスというか。やっぱりエンタメビジネスだなあと僕らは教えられるわけです。

カウントダウン前夜祭

――94年12月のプレイステーション発売日はどうしていましたか。

久夛良木　僕たちはエンタメ系はみんな仲間だと思っている。ナムコもセガもコナミも、ひょっとしたら任天堂もみんな仲間なんだよ。だから発売前日の12月2日、急に僕が言い出して、みんなを集めて前夜祭をやることになった。

丸山　そうだった。急だよね、あれは。

久夛良木　恵比寿の会場を押さえて、プレイステーションのためにソフトをつくってくれる人やハードウエアで頑張ってくれる人を呼ぼうと。みんなでカウントダウンして楽しもうぜ、ということです。だから、発売のときは丸さんも徳さんもメンバーみんなが一緒だった。日付が変わる深夜零時ごろ、ヨドバシカメラやビックカメラが店を開けるらしいといった報告がSCEの社員たちから入ってきました。何百人という行列が新宿の西口だとか秋葉原とかにできて、警察も出ていて大変ですよと。ソフトメーカーのみなさんはそのまま恵比寿で盛り上がり、僕らは各店舗をぐるっと回った。まず新宿、そのあと秋葉原、さらに池袋と、夜が明けるまでぐるぐる、みんなでチェックして回った。

そのカウントダウンの前夜祭には、ソフトメーカーで開発などに関わった現場のみなさんに声をかけました。誰が何をつくっているとか、誰が何をやっているとか、全部わかっていましたから。みんなのお祝いなんです。

丸山　普通は上のレイヤーの人しか呼ばないんだけれど、今回頑張ってくれるのは、もっと現場に近いほうの人たちだから、そういう人たちを呼ぼうというわけです。

久夛良木　そう。そういう人たちに案内を出して「みんなで盛り上がろうよね」とやったんだけれど、実は、いくつかの会社が「うちは人を出せない」と言ってきた。どうしてか。誰がどのソフトをつくっているか、外に教えたくないと言うんです。

丸山　当時、ゲームというのは「無署名」なんですよ。

久夛良木　音楽にしろ映画にしろ、その作品をつくったのは誰か、クレジットが出るじゃないですか。本だってそうです。ところがゲームでは、任天堂「宮本茂　エグゼクティブプロデューサー」を除いて、ほとんどの場合、クリエーターの名前は表に出てこない。ほかのゲームもそうです。要するに誰がつくっているかまったく教えない。それどころか、クリエーターではないという見立てなんだな。

――「一個の歯車」にすぎない、ということですか。

久夛良木　そうだね。でも、それはちょっとかわいそうというので、各社を説得し、全員に出てもらいました。このとき以降、ゲームをつくっているのは個々のクリエーターなんだという流れができたと思う。

丸山　そう、そういう流れになったんですよ。だからゲームソフトの取材なんかでも、クリエーターが顔出しするという習慣がこのときできたかもしれない。

久夛良木　昔はゲーム雑誌にもクリエーターが出ていなかった。出るとしてもプロデューサー。そのプロデューサーも顔の部分が黒塗りになっていたり、変なマスクをかぶっていたりした。そういう世界だったのが、実際にゲームをつくっているクリエーターたちが出てくるようになった。

丸山　ゲームをつくっている連中に「音楽のクリエーターはみんな売れて、いい車に乗って、女の子にもてまくっているぞ。お前ら、悔しくないか」とけしかけるような、すごく下世話な話ではある。でも、「そうですよねえ。自分たちも取材を受けたい」という声がゲームソフト会社のなかからも出てきて、クリエーター本人が表に出るようになった。その結果、記事の内容が濃くなるから、ゲーム雑誌も大喜びだったと思う。

エンタメの価値観

久夛良木　その関連で言えば、僕たちはプレイステーション用ゲームのヒット作を表彰するプレイステーション アワードを始めたんですよ。音楽にはグラミー賞があり、映画にはアカデミー賞がある。何でゲームにはないんだという話になって。それをやろうというんです。

丸山　そうでした。

久夛良木　これはエンタメの価値観なんです。だからアメリカでも、ソニーの映画スタジオの巨大な建物を貸し切って、プレイステーション発売の前夜祭をやろうという企画を立てた。およそ1万人のキャパシティーで、ソフトメーカーやプログラマー、メディア関係者や流通の人たちをたくさん呼んだ。アカデミー賞とかグラミー賞とかは別格として、映画界でも音楽界でも、ここまで派手なことはやっていなかったらしいんだよ、意外と。

丸山　業界全部での大きなイベントはあるけれど、たった一つの個別の会社では、ということですね。

久夛良木　どれだけ僕らはエンタメが好きなのかという話です。もはやそれはエレクトロニクスのソニーの発想でもありません。ソニーが主体となってやるのではなく、プレイステーションというプラットフォームとしてやるわけです。

丸山　アメリカのプレイステーションのスタッフもやっぱりエンタメの世界の人たちだから、そういう考え方を理解しています。それで、さっさとミュージシャンを呼んで、バンドを2つも3つも入れてということをする。

久夛良木　楽しかったよね。

丸山　そう、楽しかった。

久夛良木　日本でやるイベントとはケタが違う。スタジオを貸し切って1万人と言えば規模感はわかると思うけれど、それだけじゃなくて、そこにマイケル・ジャクソンがふらっと来たりするんですよ。会場の僕のすぐそばにマイケル・ジャクソンがいて、コントローラーを持ってゲームをしている。絵になるじゃない。それがメディアを通じて広がっていく。こうなると、ソニーはやっぱりエンタメの会社だよねとなる。そのエンタメの会社がプレイステーションを始めたということなんです。これ以降、アメリカではプレイステーション・イコール・エンタメになったわけよ。テックじゃなくて。その点、日本は「ゲームはハードウエア」という感じが強い。アメリカでは完全にエンタメです。

ちなみにアメリカでいちばん派手だったのは、ドジャースタジアム貸し切りというイベント。向こうはやることが派手だから、ディズニーワールドにあるような直径が1メートルか2メートルあるようなサーチライトを数本そろえて空に向けて照らして。「オレら、ロックしてるよね」みたいな感じだった。「伝説のロックコンサートになるぜ、これは」と。そういうのを経て、いまのプレイステーションがある。

「Do it（ドゥー・イット）」会議の裏側

――時間は遡りますが、当時ソニーの社長だった大賀さんがゲーム事業への参入にゴーサインを出した「Do it（ドゥー・イット）」会議はあまりに有名です。2人も出席者でした。どんな雰囲気だったのでしょう。

久夛良木　それまでソニーと協業していた任天堂が翻意してしまった。ソニーには当時、鹿井信雄さんという副社長がいらした。鹿井さんは芝浦にあるオーディオ系などを担当していた。その鹿井さんが「オレが（任天堂トップの）山内（溥）さんと話をする。気持ちさえ通じれば新たな展開があるかもしれない」とぎりぎりまで交渉に当たってくれていた。すごくいい方で、ずっとやってくれたんだけれど、やはりどうしても任天堂の考えを変えられなかった。

「相手がもう別れたいと言っているんだからしょうがないだろう」という意見もあり、ほとんど全員がもうこれは進めようがないと思っていた。社長同士が交わした契約だから、そのまま放置というわけにもいかず、「もうこれで打ち止め」というのをはっきりさせる会議だったんです。いよいよもうだめだという話になって。

丸山　おおよそソニー社内の世論は「何もソニーがおもちゃをやることはない」というのが基本にあるんですよ。やりたいと思っているのは、クタちゃんと、私のように引きずり込まれた何人かです。クタちゃんの考えに染まって、やる気になっているのができなくなったから、ムッとしているわけですよね。だけど、そういう人は非常に少数なわけ。残りは「まあ、やりたくないと言うんだったらもうしょうがないよね」という気分の人たちです。

久夛良木　その会議には、さっき言ったCD―IやMSXをやっていた人たちも参加していた。彼らからすれば「ようやく久夛良木たちを追い込んだ」という感じ。でも大賀さんは悔しいわけです。大賀さんはすごく誇り高いCEO（最高経営責任者）だし、ソニーを愛しているし、エンタメも愛しているじゃないですか。あとになって大賀さんは「ゲームは本当にやりたかった」「ソニーのなかでコンピューターをやりたかった」とおっしゃっていました。音楽、映画の次の新しいエンターテインメントの柱を打ち立てたかった、「その夢をお前がかなえた」と。それくらい大賀さんはゲームがやりたかったわけです。でも、あのとき周りは「もういいかげんにしましょうよ」と主張していた。大賀さんにあきらめてもらうための会議だった。

大賀さんは追い詰められていた。法務部門も「もうこれ以上、なすすべがありません」と言うし、鹿井さんも「相手はまったく復縁する気がありません」という話をした。

丸山　鹿井さんという人は、ソニーはおもちゃなんかやるべきじゃないという考えはまったく持っていなかった。本当に本気で事態を打開しようと、ちゃんとやってくれたよね。

久夛良木　鹿井さんは大賀さんの命を受けて全権大使として交渉してくれた。本当にすばらしい方だった。その鹿井さんもむずかしいという。

丸山　会議の出席者はほとんどが「早く終戦宣言を聞きたい」という感じだったね。

久夛良木　それで最後に、もういよいよ、「もうしょうがねえな」と大賀さんが言う寸前のところで、僕は大賀さんに言ったのよ。「大賀さん、ソニーはこのまま引っ込んでしまうような会社なんですか？」と。

丸山　覚えている。

久夛良木　僕は、誇り高い大賀さんと、ソニーの自尊心にダイレクトに訴えかけたんだ。

そうしたら大賀さんがにらみつけたよね、僕のことを。周りの人間は「また久夛良木が面倒くさいことを言っている」と思っただろうけど、大賀さんは「お前、何かアイデアがあるのか。案があるのか」と僕に聞くんです。僕は「あります」と言った。「それはどういうもんだ」と大賀さんが聞くので、「まだ誰にも話していませんが、水面下で開発が進んでいます」という話をした。「独自のゲーム機を開発している最中で、ぜひそれについて説明させてください」と言いました。

大賀さんはびっくりしていた。だって大賀さんはもちろん、ほかのチームメンバーも誰も聞いてないわけです。

丸山　聞いてないもん。

久夛良木　本当に開発していたのは4～5人ぐらいかな。

丸山　そうなの？　オレはてっきり、クタちゃんの頭のなかにはある、という話かと思っていた。

久夛良木　実際に開発していて。

丸山　オレはいま初めて知った。

久夛良木　開発していなければ、口からでまかせになるじゃない。そうじゃない。ごく少数の人間で取り組んでいた。ただ彼らにも全体像は話さなかった。それはあまりにも未来的すぎるから。

「本当なのか？」と会議で大賀さんに聞かれ、「準備しているので、次に説明させてください」と言った。その途端です。大賀さんはまた僕をにらみつけて言ってくれた。「そこまで言うなら、やってみろ。ドゥー・イット！」と言って机を軽く拳で叩いた。

大賀さんの当時のCEOの机の上には、空港でお土産に売っているような小さな三角形の置物があった。そこに書いてあるのが「ドゥー・イット」。大賀さんはそれを社是というか、自分のスローガンにしていたのは知っていました。会議で大賀さんが「ドゥー・イット」と言ったことで、終わるはずだったプロジェクトの方向性がいきなり変わった。みんな、びっくり仰天で。

丸山　そうだったね。

久夛良木　ソニーは盛田昭夫さんと井深大さんがつくった会社で、大賀さんはそれを受け継いだわけじゃないですか。受け継いだプライドがあるよね。だから結局、ドゥー・イットになったのだと思う。いろんなドラマがあったんだよね。でも、だからいまがある。

「ソニーの」ではなく「みんなのプレイステーション」

久夛良木　これは丸さんにも相談したと思うけれど、プレイステーションの広告には、それまでのソニー製品とは違って、最後に「イッツ・ア・ソニー」というフレーズを入れなかった。どうしてかというと「ソニーの」ではなく「みんなのプレイステーション」だから。それまでのゲームの広告というのはだいたいゲーム画面を見せるものだった。そうではなく、プレイステーションと過ごす世界は楽しいよ、というメッセージを込めた。そういうプレイステーションを全世界に広げるというわけです。でも、プレイステーションという名前に対しては抵抗があるという人が日本にもいたらしい。プレイステーション、略してプレステ、なんだか捨てられるみたいだと。

――「プレ捨て」ですか。

丸山　アメリカの抵抗もあった。

久夛良木　名前を変えろとか、いろいろありましたね。ワーク（仕事）ステーションのアナロジーでプレイ（遊び）ステーションだからと説明して、理解を得ました。

丸山　ウォークマンというネーミングもアメリカでは当初、評判が悪かったけれど、いまはすっかり認知されているじゃないか。プレイステーションだって認知されるに決まっていると強引に言い張ったんですよ、この人は。

久夛良木　プレイステーションという名前が気に入る、気に入らないというより、日本側の言うことなんて聞いていられないぞという雰囲気がアメリカ側にはあったのかもしれない。アメリカのほうが格が上だぞと。いきなり広告会社を雇って、ロゴも何もかも変えると言い出した。「ポリゴンマン」という独自のキャラクターまで用意した。ポリゴンは多角形のことで、CGの制作に使われていたから。

丸山　紫色だったよね。

久夛良木　これではどうしようもないから、プレイステーションに関することはすべてオレたちで管轄しようということになった。いろいろありました。

——そういう経緯もあり、丸山さんが毎週、アメリカに出張することになった？

丸山　まあ、結果として行くようになったんです。

久夛良木　丸さんは毎週、毎週通ってくれた。最初は僕が行こうとしたけれど、「クタちゃんは行かせたくない」と丸さんに言われました。「クタちゃんはいいから、こっちにいろ。

どうせお前が行くと、けんかになる」と。それで丸さんが通うことになった。向こうには何というか、結構なやんちゃ坊主たちがいて、こちらの言うことを素直に聞くとは限らない。そこで平井一夫君（ソニー元社長）を通訳として巻き込んだ。丸さんが一言しゃべると、あとはその何倍も平井君が英語で話す。平井君はあっという間に状況を把握し、（その後、事業の責任者となり）がんがん動かしていった。

丸山　いや、あんなにうまくスイッチできるとは思わなかったね。

久夛良木　ねえ。彼のスイッチングはすごいよね。平井君で正解でした。

丸山　よかった。

「親会社にこまめに報告」では、うまくいかない

――丸山さんと久夛良木さん。けんかになるようなことはなかったのですか。

久夛良木　ないね。ムッとしたことはあると思うんだけど、けんかした記憶は全然ない。

丸山　ムッとしたことはあるよね。僕が「それは違うんじゃないか」と言うと、クタちゃんは逆上して「丸さん、それなら辞めたら」と言うんだから。「いいよ。辞めろと言われれば、オレだっていたくねえよ」と。そういうことはあったけれど、それも数えて2回か3回です

よ。そんなもので、あとはない。

――いい組み合わせというか、2人を含むメンバーがドリームチームになっていたと。

久夛良木　本当に戦うときはこうであるべきだと思った。戦うというのは同業者が相手じゃないんです。未来と戦うんだよ。

丸山　僕は思うんだけれど、何かを立ち上げるときは、みんなこういうスタイルですよね。ソニーの一部分だとか、ソニーミュージックの一部分だとかいう体制ではだめなんです。プレイステーションの場合は、ソニーやソニーミュージックのなかの事業というわけじゃない。完全に外部に出ちゃっていますからね。割と早い段階で会社の外に出すということを大賀さんが決断していた。僕が報告する義務がある相手はソニーでは大賀さんと伊庭さんだけ。ソニーミュージックのほうは僕自身が副社長だったから、ほとんど誰にも報告していないからね。

だから、もう完全に新しい会社の設立と同じなんです。そういうふうな仕組みじゃないとうまくいかないんじゃないですか。親会社のいろいろな連中にしょっちゅう報告して、というんだと多分うまくいかないですよね。

――プレステ以降、日本の大企業発で、ここまで大きく成長したビジネスは見当たらないような気がします。

久夛良木　ないよね。

丸山　ないよね。

若者の好奇心を引き出す

――久夛良木さんは日本の若者と接して、期待を持てそうな感覚を持っていますか。

久夛良木　一つ衝撃的な事件があって。ある国立大学で、夏期集中講座というのをやったんです。500枚ぐらいの資料をつくって1限から5限まで授業をした。テーマはイノベーションについてです。最後に「みなさん、質問やコメントは」と聞いたら、20歳ぐらいの学生が手を挙げて「先生、私たちが定年を迎えるころは年金をもらえますか」と聞くの。そんな話じゃなくて、未来をつくる話をしたわけなんだけれど。「ほかに？」と言ったら、別の学生が手を挙げた。「先生、私は役所に就職したいんですが、将来、年金をもらえますか」と聞いてくるわけです。オレは朝の9時から夕方の6時くらいまで、もう熱弁を振るってイノベーションの話をしたのに。「そういう話は親に聞いてくれ」と言ったら「親も同じことを言っています」と。

ふと思って「君たちの親は何歳」と尋ねたら、ちょうど日本がへたれていって下り坂となっていくときの世代なんだよ。学校で、いちばん学力レベルの低いところに合わせて授業していたようなころ。そういう親たちが家のなかでブーブー文句を言っているんだって。そうなると、いくら一生懸命こっちがイノベーションについて語っても伝わらない。これは教育の問題です。

——久孑良木さんは2022年4月、近畿大学情報学部の学部長に就任しました。

久孑良木　いまの若い子たちは、まず好奇心や物事に対する興味を持つところから始めないといけない。協調圧力というのか、いろんなものに流されやすい傾向があるから、そうではなく、好奇心があって、自分の意見を持てる人材を育てたい。もしかしたら何年もかかるかもしれないけれど、自分で自分の意見を言えるようにしたい。

いまのカリキュラムはそういった要素が入っていないんだよね。先生たちが親よりもさらに若くて、学力レベルを低いところにそろえるような教育を受けてきちゃっている。だから先生たちも自分が採点しやすいようにマルバツ式、マークシート方式の問題を出す。記述方式は採点に手間暇がかかって大変だから。でも、それではまずい。教育現場の問題は時間がかかるけれど、やらないといけない。そういう思いがあって学部長の役目を引き受けたわけです。

もちろん最初からすごい子たちもいるんです。まだ多くはないけれど。でも、ほとんどの子は自分の意見を言うことができない。そもそも意見を持っていない。イノベーションについても、いま世界で起こっていることをほとんど知らない。だって、入試のために数Ⅱとか数Ⅲとか英語とか、全部、学習塾でやっているんだよ。そこにイノベーションは関係ない。全部、過去問なんです。

そういうわけで、学生たちは最初はみんな固まっていたけれど、まず1年が終わって、どんどん自分の意見を言えるようになってきた。全員じゃないよ。でも、ちゃんと伸びる子たちはいる。いまやっていることには意義がある、という感じかな。

――久夛良木学部長は、やはり厳しい教授ですか。

久夛良木　やさしいよ。相手がソニーの社員だったら、もっとビシビシ言っているだろうけど。それなりにベースがあるから。まだ18歳の学生を同じようにビシビシ指導したら、その途端に閉じちゃうから。まずはみんなの好奇心を引き出さないといけない。自分でものを考えて「先生、どうやってこれを調べるんですか」というところまで持っていくのにも、ちょっと時間がかかった。でも授業で毎週、毎週いろんな情報を伝えるうちに、「初めて聞いた」とか「いままでは興味がなかったけれど、びっくりした」とか、だんだんと反応が出てきます。「どうやったらこういう情報やトレンドを追っていけるんですか」「どうして先生は知っているんですか。どうすればいいですか」と聞いてくる学生もいる。お、成長したと。

最高のプロデューサー

――久𡈽良木さんはスタートアップ企業も経営しています。

久𡈽良木 だから現役でプレイステーションのビジネスをやっていたころに比べて、それはもう何倍も働いているという感じ。しかも最近はリモートでも仕事ができるじゃないですか。昔はできれば夜の11時には寝たいと思っていたけれど、先週なんかは夜中の2時だもんね。2時に寝て、起きるのは朝の6時半とか7時。

丸山 よくお働きになっている。尊敬申し上げます。でも、ちょっと働きすぎだね。面白いんだろうけど少しは抑えなさい。マネジャーのオレがそう言っているんだから。

久𡈽良木 この年齢になると、同じ世代でも、めっきり老け込んでしまう人と、ものすごく元気な人と相当の差が出てきますね。丸さんも一時は飲み物や食べ物がのどを通らないという病気になって。

丸山 そうね。がんでね。

久𡈽良木 それで父親が開発した「丸山ワクチン」を打って、それもあってこうして元気になられて。丸山ワクチンは開発の当初から適正な評価や扱いを受けられなかった。それが何十年もたって、いまの丸さんを支えているって、すごくないですか。これは絶対に美しい。ほとんど映画の世界だよね。すばらしい。お元気で何よりです。

丸山　ありがとうございます。もうそんなに元気はないけどね。

久夛良木　いや、元気ですよ。

――長く一緒に働いた2人ですが、互いに「この人に出会っていちばんよかったこと、印象に残っていること」は何ですか。

丸山　じゃあオレから言おうかな。最初につき合い始めたとき、変わった人だなあと思ったのは事実だよね。だけど、何でずっとつき合っているんだろうかと考えれば、やはり面白いからだろうと思います。

結局のところ、イノベーターというのは変な人なんですよ。普通の人はどうしても全体の空気というのを読んで、同調圧力に負けて、新しいことは言わないわけじゃないですか。でもイノベーターというのは、そんなの構わず何でも言うでしょう。ああ、そうか、日本にはこういう人が少なすぎるんだなということを、ここ5～6年はすごく思っている。

オレの頭のなかでは「久夛良木健は変わったやつ」というところから「こういう人が増えないと日本はいかん」というところに変化した。一緒に仕事をしなくなってから、もうずいぶんたったけれど、久夛良木健に対する評価がめちゃくちゃ上がっているのよ。本当にぐーんと上がったからね。最初は単に変人だと思っていたからね。だから、ものすごく単純化して言うと、「そういう変人と一緒に仕事をしていたんだから、オレって人間の器がでかいよな」と、そう勘違いしていた。でも、そうじゃないんだなということだね。ここのところ、すごく実感したよね。

大学で、いいイノベーターを育ててくださいよ。お願いします。日本のために。

久寿良木　ありがたいお話です。僕はね、すべての分野において、プロデューサーという存在がものすごく大事だと思っている。音楽のプロデューサーもそうだし、ビジネスのプロデューサーもそうです。丸さんは僕にとって、もちろん最高のプロデューサー。丸さんがプロデュースした人はたくさんいるじゃないですか。それがみんなすごい。

すごいプロデューサーっていうのは信頼感があります。僕が丸さんに対して、いちばん信頼というものを感じたのは、いろんなことがあって、いよいよ僕がソニーを辞めることになったとき。丸さんに「辞めるから」と言ったら、「じゃオレも辞める」と丸さんは言う。「いや、丸さんは残ってください」と言ったら、「いや、クタちゃんがいなきゃ面白くねえもん。オレも辞める」と。そう言ってくれたときには、この信頼感というのはすごいなと。信頼というより何だろうな……。もう、すごい関係だよねと、いまでも思っています。「クタちゃんがいるから面白かったんだよ」と、おっしゃいましたよね。

丸山　面白いか、面白くないか。人間の価値をエンタメチックに判断してるなあ。

久夛良木　あのときはうれしかったねえ。

丸山　でも、それはあのころな。いまは違います。もうちょっと論理的に久夛良木さんの価値を自分なりにちゃんと認識している。

あとがき

この本は2022年7月の一カ月間、日本経済新聞の朝刊に30回にわたって連載した「私の履歴書」が土台になっています。あのときは限られた紙幅の都合で盛り込めなかった話や、その後、改めて考えたあれやこれやを書き加えました。ちょっと書きすぎたなあと感じ、連載時から軌道修正したところが少しあることもお伝えしておきます。

新聞連載の1回目、「立派な実績を上げた人が登場するのが『私の履歴書』。そうではない自分が引き受けるべきだったか、なお迷っている」と心情を明かした私ですが、こうして書籍にまでなってしまったわけです。「丸さん、どうなってるの？　結構、目立つのが好きなんじゃない？」などと気が置けない仲間から突っ込まれそうな気がします。日経の人たちに強く促されての出版です。ご了承ください。

連載がきっかけとなって、ずいぶん久しぶりだなあという友人知人から連絡をもらいました。連日、各回への感想文をしたためてハガキを送ってくださる読者もいました。好意的に受けとめてくださる方が多かったのはありがたいことです。もちろん、なかには連載を読んで「おや？」「むむむ」という思いを抱いた人もいるに違いありません。あくまで執筆の中身は私というフィルターを通してのものとご理解いただければ幸いです。

幸いと言えば、「私の履歴書」の主要な登場人物である久夛良木健さん、平井一夫さんとそれぞれ対談し、その様子を詳しく本書に収めることができました。お二人とも超がつくほど多忙な身です。顔と顔を合わせてじっくり話すのは何年ぶり、いや何十年ぶりだったでしょうか。

久夛良木さんとはプレイステーションの開発で、平井さんとはアメリカビジネスの運営で、ある時期とても近い距離にいて仕事をしていました。それでも改めて話してみると、「あのときは、そういう気持ちだったんだ」「へえ、そんなことをしていたの」と初めて知る事実、新たな発見がいくつもありました。いやあ、面白かった。

言うまでもありませんが、この二人に限らず、私の人生はさまざまな出会いで成り立っています。連載やこの本に名前を記すことができたのは、そのごくごく一部にすぎません。具体的には言及できなかった数多くのみなさんとの交わりが存在したからこそ、今日の私があります。愉快・痛快な出来事を少なからず経験できたのもそういう出会いのたまものです。

これまで「ねえ、丸さん」と声をかけ、つきあってくれたすべての人、そしてこの本の執筆を助けてくれた日本経済新聞社の村山恵一さん、編集を担当してくれた日経ＢＰの赤木裕介さんにお礼を申し上げます。いま、この本を手にとってくださっているあなたにも感謝します。どうもありがとう。

２０２３年夏

丸山茂雄

丸山茂雄（まるやま・しげお）

1941年生まれ。66年、早稲田大学商学部卒業。
読売広告社を経て、68年、CBS・ソニーレコード入社。
78年、EPIC・ソニー設立と同時に出向、83年より取締役。
88年、CBS・ソニーグループ取締役
（91年に社名変更によりソニー・ミュージックエンタテインメント）。
同社代表取締役副社長などを経て、98年、代表取締役社長。
2002年、同社退職。また、93年から2007年まで、
ソニー・コンピュータエンタテインメントで会長などを歴任。

黒子《くろこ》のリーダー論
丸山茂雄　私の履歴書

2023年9月15日　1版1刷

著者 ──── 丸山茂雄

発行者 ──── 國分正哉
発行 ──── 株式会社日経BP
日本経済新聞出版
発売 ──── 株式会社日経BPマーケティング
〒105-8308　東京都港区虎ノ門4-3-12

ブックデザイン ── 野網雄太（野網デザイン事務所）
印刷・製本 ── シナノ印刷

ISBN978-4-296-11800-7　Printed in Japan